使い切りたい
調味料
ベスト10!

文　梅津 有希子
料理　高谷 亜由

幻冬舎

はじめに

主婦でもあるわたしは毎日料理をしますが、決して得意ではありません。そんなわたしの切実な悩みは、わが家の冷蔵庫にこんこんと眠り続ける、「絶対あまる調味料」たちのこと。

麻婆豆腐を作ろうと思って買った豆板醬《トウバンジャン》、炒めものにしか使わないオイスターソース、ソーセージにつけるしか出番のない粒マスタード。

気がつけば、賞味期限は2年前（心の一句）。

周りでも同じ経験をしている人がとても多かったことから、本書を作ることを思い立ちました。料理が得意な人なら、いろいろな料理に応用して使い切ることができるのだと思います。でも、料理が得意ではないわたしのような人は、どうにもこうにも「それ以外の使い道」が思いつかないのです。ソースをフライにかける以外の使い道や、スイートチリソースを生春巻きにつける以外の使い道が、どうやっても考えつかないのです。

周囲に聞き込みを重ねた結果、家族構成や料理の好みによってあまる調味料にかなりのバラつきがあったため、アンケートを取り、集計結果トップ10の調味料に絞りました。本書を作る過程でわたしの料理は確実にレベルアップし、37年の人生で初めて豆板醤と粒マスタードを1瓶使い切り、「冷蔵庫の片隅に調味料が転がっている」ということがなくなりました。ぜひ、この気持ちよさを感じていただけるとうれしいです！

梅津有希子

第1位　ナンプラー

第2位　オイスターソース

第3位　豆板醤

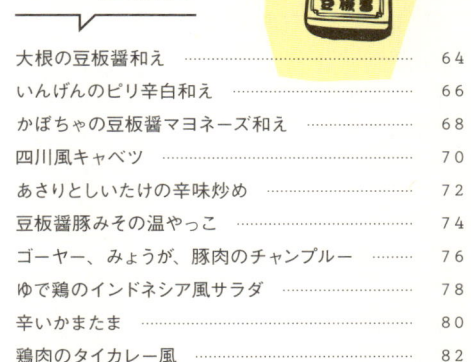

第4位　コチュジャン

第5位　ラー油

第6位　スイートチリソース

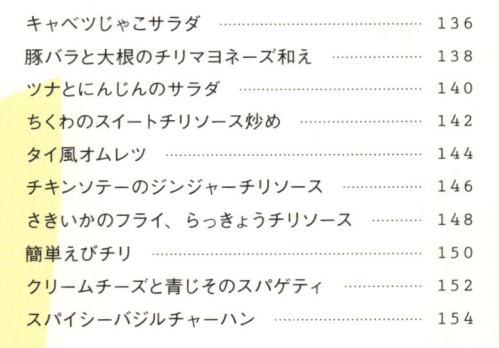

第7位　バルサミコ酢

第8位 粒マスタード

第9位 ケチャップ

第10位　ソース

使い切れない調味料アンケート 結果発表！！

このアンケートは、2012年10月〜2013年5月までの7か月間、Webマガジン幻冬舎にて募集しました。以下、票の多い順です。

第1位 ナンプラー

◎夏にタイカレーを作って、冷蔵庫のなかでそのまま冬眠。
（タコスさん／33歳 女性）

◎香りがとんじゃったり酸化したり、なかなかおいしいうちに使い切れません。（まきさん／37歳 女性）

第2位 オイスターソース

◎「実は、これを使わなくてもしょうゆだけで作れたんじゃないか」と後悔するくらい余る。（クマさん／37歳男性）

◎香港や台湾のお土産でもらうことが多いけど、実は使い道がよくわからない。（かなりんさん／29歳 女性）

第3位 豆板醤

◎「唐辛子入ってるからまだ大丈夫」と思って、あっと言う間に2年くらい経ってしまう。（R・Oさん／32歳 女性）

◎実は豆板醤と甜麺醤とXO醤の明確な違いが、わかりません。
（M・Sさん／50歳 女性）

第4位　コチュジャン

◎韓国風の鍋もの以外の使い方、教えてください。
（マリマリさん／ 38 歳 女性）

第5位　ラー油

◎ちょっとずつではなく、ある程度の量が使える料理を希望。
（Y・M さん／ 47 歳 男性）

第6位　スイートチリソース

◎簡単にできて本格的な味わいのエスニック料理を紹介していただけるとうれしいです。（みゆきちさん／ 34 歳 女性）

第7位　バルサミコ酢

◎身近な食材、特に冷蔵庫にありそうなものを美味しく食べられるレシピお願いします。（ぱぐさん／ 28 歳 女性）

第8位　粒マスタード

◎ときどき、お店でとてつもなく大きい瓶を見るけど、何に使っているか想像もできない。（A・Y さん／ 40 歳 女性）

第9位　ケチャップ

◎うっかりいつもと違うメーカーのものを買ってしまい、味の違いにとまどって持て余す。（kudzilla さん／ 37 歳 男性）

第10位　ソース

◎案外余る。2 人暮らしには1本分の量が多すぎる。
（あゆみさん／ 35 歳 女性）

惜しくもランクインしなかった使い切れない調味料たち……。
11位 ゆず胡椒 、12位 甜麺醤、13位 タバスコ、14位 からし、15位 わさび……etc。

［ 本書の決まり ］

1 カップ =200ml

大さじ 1=15ml

小さじ =5ml

電子レンジは 600W での加熱時間です。

ご使用の電子レンジの W 数に合わせて、

実際の加熱具合を見ながら、加熱してください。

第1位

ナンプラー

独特の香りを食材や調理法で生かす。

使い切れない調味料劇場［ナンプラー編］

このナンプラーなんで買ったんだっけ？
覚えてない…
1
2
エスニック料理特集見て買ってみたんだった
おうちでエスニック♡
トムヤムクン作った
3
でもエスニック料理なんてしょっちゅう作らないし、どうやって使い切ればいいのナンプラー!!!
キィ

ナンプラー

タイの代表的な調味料のひとつ、ナンプラー。カタクチイワシを発酵・熟成させた独特の香りの魚醤で、これがないとタイ料理が成り立ちません。タイ料理やエスニック料理にはそれほど興味がないという人も、「なんとなくナンプラーを買ってみたものの、使いこなせず冷蔵庫の片隅で眠りっぱなし」という展開になっているのではないでしょうか。「ナンプラー＝エスニック料理」という発想を捨てて、しょうゆやポン酢のように、おひたしや焼きなすにかけるだけでもおいしいもの。普段のごはんに気軽に取り入れてみましょう。

小松菜のおひたし、ナンプラーポン酢がけ

ポン酢×ナンプラーは、冷やっこや鍋だれにも応用できる組み合わせ。

材料／２人分

小松菜 … 1/2 束

ちりめんじゃこ … 大さじ 2

A〈 混ぜ合わせる 〉

- ポン酢 … 小さじ 1
- ナンプラー … 大さじ 1
- ごま油 … 小さじ 1/2

作り方

１．小松菜は根元の泥をしっかりと洗い落とし、塩少々（分量外）を加えた湯で色よくゆでてざるにあげる。粗熱がとれたら水気をしぼり、5cm 幅のざく切りにする。

２．１を器に盛ってちりめんじゃこをのせ、A をまわしかける。

◎柚子こしょうを加えてもおいしい。

マヨナンプラー
コールスロー

マヨネーズ×ナンプラーは、ベトナムで人気の組み合わせ。

材料／２人分

キャベツ（千切り）… 1/6 個
にんじん（千切り）… 1/3 本
塩 … 小さじ 1/4
青じそ（千切り）… 10 枚
A〈 混ぜ合わせる 〉
　マヨネーズ … 大さじ 2
　ナンプラー … 小さじ 1/2
　黒こしょう … 適量

作り方

1．キャベツ、にんじんをボウルに合わせ、塩を加えて軽くもむ。しんなりしたら水気をしぼり、青じそを加えて混ぜ合わせる。
2．1にAを加えてよく和え、器に盛る。

味つけはナンプラーと砂糖だけ。旨みのある深い味わい。

セロリと豚ひき肉の春雨スープ

材料／２人分

豚ひき肉 … 80g
セロリ（茎、斜め薄切り）… 1/2 本
セロリ（葉、ざく切り）… ２～３枚
春雨（乾燥）… 30g
にんにく（みじん切り）… １かけ
サラダ油 … 大さじ１
水 … ３カップ
ナンプラー … 大さじ１
砂糖 … ひとつまみ
黒こしょう … 適量

作り方

１．鍋にサラダ油、にんにくを入れて火にかける。香りがしてきたら豚ひき肉を加えて炒め、ポロポロのそぼろ状にほぐれてきたら、水を加える。
２．沸騰したらアクをすくい、春雨を加えて弱火で煮る。春雨がやわらかくなったらセロリの茎を加え、ナンプラー、砂糖で味をととのえる。
３．セロリの葉を加えてサッと煮、器に盛って黒こしょうをふる。

ナンプラー

ナンプラー独特の塩気をレモンの酸味でバランスよくととのえた、エスニック風スープ。

鶏肉とキャベツのトムヤムスープ

材料／２人分

鶏むね肉（一口大の薄切り）… 100g
キャベツ（ざく切り）… 1/8 個
ミニトマト（ヘタを取る）… 6 個
香菜《シャンツァイ》（ざく切り）… 適量
水 … 3 カップ
鶏ガラスープの素（顆粒）… 小さじ 1
ナンプラー … 大さじ 1 強
砂糖 … 小さじ 1
レモン汁 … 1/2 個分

作り方

1．鍋に水、鶏ガラスープの素を入れて強火にかける。
2．沸騰したら鶏肉を加えてアクをすくい、キャベツ、ミニトマトを加えて弱火で２〜３分煮る。
3．ナンプラー、砂糖、レモン汁を加えて味をととのえ、器に盛って香菜をちらす。

ナンプラー

焼きなすの
ナンプラーがけ

和風の焼きなすとはひと味違う味わい。ごま油、黒こしょうとの組み合わせもポイント。

材料／２人分

なす … ３本
ナンプラー … 小さじ２
ごま油 … 小さじ１
黒こしょう … 適量

作り方

１．なすはヘタを残し、がくだけ切って、焼き網にのせる。
２．ときどき転がしながら強火で焼き、全体が真っ黒に焦げて皮がパリッと浮き、身がやわらかくなったら火からおろす。熱いうちに皮をむき、竹串で食べやすく裂く。
３．器に盛ってナンプラーとごま油をまわしかけ、黒こしょうをふる。

ナンプラー

ベトナム風揚げだし豆腐

旨みたっぷりのナンプラーだしを吸った、風味豊かな揚げ豆腐。

材料／２人分

厚揚げ豆腐（10cm 四方、4 等分の角切り）
…２枚

サラダ油 … 大さじ３

A

- 水 … 1/2 カップ
- ナンプラー … 小さじ２
- 砂糖 … 小さじ１
- 細ねぎ（小口切り）… ３本

作り方

１．鍋にAを合わせて火にかけ、沸騰したら火からおろす。

２．フライパンにサラダ油を強めの中火で熱し、水気をふいた厚揚げを並べ入れる。表面をこんがりと揚げ焼きにし、油をきって１の鍋に加える。

３．鍋を再び火にかけ、温まったら汁ごと器に盛る。

ナンプラー

殻つきえびの甘辛炒め煮

えびとナンプラーの旨みと、少し焦げた砂糖の香ばしさがやみつきになるおいしさ。

材料／２人分

殻つきえび（ブラックタイガー）… 中８尾
たまねぎ（くし形切り）… 1/4 個
生しいたけ（薄切り）… ２枚
細ねぎ（小口切り）… ２本
にんにく（薄切り）… １かけ
豆板醤《トウバンジャン》… 小さじ 1/2
サラダ油 … 大さじ１
A〈 混ぜ合わせる 〉
　酒 … 大さじ２
　砂糖 … 大さじ１
　ナンプラー … 大さじ１
黒こしょう … 適量

作り方

１．えびはキッチンばさみで背中を切り開き、背ワタを取り除いて水気をふく。
２．フライパンにサラダ油を熱し、えびを並べて強めの中火で焼きつける。表面の色が変わったらにんにく、豆板醤を加えてざっと炒め合わせ、Aを加える。
３．たまねぎとしいたけを加え、水気をとばすようにさらに炒める。器に盛って黒こしょうをふり、細ねぎをちらす。

ナンプラー

鶏手羽先の
ナンプラー風味揚げ

万人受けしそうな、甘じょっぱいしっかり味。ごはんのおかずにも、ビールのおともにも。

材料／２人分

鶏手羽先…６本

レモン（くし形切り）…適量

A〈混ぜ合わせる〉

- ナンプラー…大さじ１
- はちみつ（または砂糖）…小さじ２
- ごま油…小さじ1/2

揚げ油…適量

作り方

１．手羽先は水気をふく。

２．揚げ油を中温（170℃）に熱して１の手羽先を入れ、ときどき返しながらカリッと揚げる。中まで火が通ったら油をきる。

３．ボウルにAを混ぜ合わせ、２の手羽先を熱いうちに加えて味をなじませる。汁気をきって器に盛り、レモンを添える。

ナンプラー

カリカリ豚バラのバゲットサンド

こんがり焼いた豚肉とまろやかなマヨネーズが、フランスパンと相性抜群。

材料／２人分

豚バラ薄切り肉（10cm 幅に切る）… 200g

フランスパン（15cm 長さ）… ２本

キャベツ（千切り）… 適量

A

- ナンプラー … 小さじ 1.5
- はちみつ（または砂糖）… 小さじ１
- 黒こしょう … 小さじ 1/3

マヨネーズ … 大さじ３〜４

サラダ油 … 大さじ 1/2

作り方

１．豚バラ肉をボウルに入れ、Aをもみ込み５分ほど下味をつける。

２．フライパンにサラダ油を熱し、１の豚肉を並べ入れて中火で焼く。表面がこんがりと焼きあがったら、キッチンペーパーの上に取り出して余分な脂をきる。

３．フランスパンをトースターで軽く温め、側面から切り込みを入れる。上下の内側にマヨネーズを塗ってキャベツと２の豚肉をはさみ、食べやすく切って器に盛る。

ナンプラー

パスタにナンプラーを使うと、アンチョビのような深い旨みが。

アジアントマトスパゲティ

材料／２人分

スパゲティ … 160g
ミニトマト（半分に切る）
　… 20 個
にんにく（みじん切り）
　… １かけ
豆板醤《トウバンジャン》 … 小さじ１
ナンプラー … 小さじ１

砂糖 … ひとつまみ
バター … 10g
サラダ油 … 大さじ１
香菜《シャンツァイ》（ざく切り）… 適量
青じそ（手でちぎる）
　… 適量
黒こしょう … 適量

作り方

１．鍋にたっぷりの湯を沸かして塩適量（分量外）を加え、スパゲティを袋の表示時間より１分短くゆでる。

２．フライパンにサラダ油、にんにくを入れ、強めの中火にかける。香りがしてきたらミニトマトを加え、木べらで軽くつぶしながら水分をとばすようにしっかりと炒め、豆板醤を加えざっと炒め合わせる。

３．ゆであがったスパゲティを、水気をきって２に加え、ゆで汁大さじ 3、バターを加えて炒める。ナンプラー、砂糖で味をととのえ、器に盛って香菜と青じそをのせ、黒こしょうをふる。

第2位

オイスターソース

炒めるだけではない使い方を知る。

使い切れない調味料劇場［オイスターソース編］

1
オイスターソースって1本あると便利よね。
よっ
炒めものとか
2
遅くなったから野菜炒めね
え、またオイスターソース!?
飽きた!
3
炒めものにしか使ったことない
オレも…

オイスターソース

カキの旨みをたっぷりと含み、炒めものに使うと簡単に味が決まるオイスターソース。何でも本格中華味になる、とても便利な調味料ですが、炒めもの以外の使い道が思いつかないのが悩ましいところでもあります。でも、「カキの旨みあふれる万能ソース」と考えると、実は和洋中何にでも使えるのでは？　たとえば煮物やスープに使うと、カキのエキスで深いコクが出るのでだしいらず。牛乳や豆乳と合わせるとまろやかになりますし、パスタに使っても美味。ほどよいとろみで、どんな食材にもしっかり味がからみます。

レタスの
オイスターソースがらめ

レタスのおいしさをぐっと引き出し、温サラダ感覚で食べられるシンプルレシピ。

材料／２人分

レタス … １個

A〈 混ぜ合わせる 〉

- 水 … 大さじ２
- 酒 … 大さじ２
- ごま油 … 大さじ１

オイスターソース … 大さじ１

黒こしょう … 適量

作り方

１．レタスを大まかにちぎってフライパンに入れ、Aを加えてふたをする。

２．強火にかけてしばらく蒸し煮にし、かさが減ったらふたをはずし、鍋肌からオイスターソースを加えてざっと混ぜる。

３．器に盛って黒こしょうをたっぷりふる。

枝豆の
オイスターソース風味

おつまみの定番・枝豆が、こっくりとした味わいに。味がしみるほどにおいしい。

材料／２人分

枝豆 … 250g

塩 … ひとつかみ

A

　水 … １カップ

　酒 … 1/4 カップ

　オイスターソース … 大さじ３

作り方

１．枝豆をボウルに入れて塩でもみ、産毛や汚れを落とす。ざっと水洗いしてざるにあげる。

２．鍋にＡを入れて火にかけ、沸騰したら１の枝豆を加え、中火で３～４分煮る。

３．少しかためにゆであげて火からおろし、汁につけたまま冷まして味をなじませる。

豆乳で作るさっぱり味のクラムチャウダー。あさりとオイスターソース、ダブルの旨み。

あさりとじゃがいもの豆乳チャウダー

材料／２人分

あさり（砂抜きする）… 10 ～ 15 個
じゃがいも（一口大に切って水にさらす）… 1 個
酒 … 大さじ 2
水 … 1 カップ
豆乳 … 1 カップ
オイスターソース … 大さじ 1
細ねぎ（小口切り）… 適量
塩 … 適量

作り方

1．あさりは殻をこすり合わせるようにして洗い、水気をきって鍋に入れる。水、酒を加えて強めの中火にかけ、あさりの口が開いたらいったん取り出す。
2．1 のスープにじゃがいもを加えて煮る。竹串がスッと通るくらいになったら豆乳、オイスターソースを加えて弱火で温め、あさりを戻し入れてサッと煮る。
3．味をみて塩でととのえ、器に盛って細ねぎをちらす。

◎豆乳は凝固しやすいので、必ず弱火で温める。

えびのオイスター春雨

えびとオイスターソースのエキスをたっぷり吸った、まろやかな春雨。

材料／２人分

えび（ブラックタイガー）
…中６尾
たまねぎ（薄切り）
…1/4 個
しょうが（千切り）
…1/2 かけ
春雨（乾燥、水につけてもどす）…60g
酒…大さじ１
ごま油…大さじ１

A
牛乳…1/2 カップ
水…１カップ
鶏ガラスープの素（顆粒）…小さじ１
オイスターソース…大さじ２
しょうゆ…小さじ２

香菜《シャンツァイ》（ざく切り）…適量

作り方

1．えびは尾を残して殻をむいてキッチンばさみで背中を切り開き、背ワタを取り除く。
2．フライパンにごま油を熱し、１のえびを並べ入れて強火で両面を焼く。色が変わったら酒をふりかけて水分をとばし、A、たまねぎ、しょうが、春雨を加え、ふたをして弱めの中火で蒸し煮にする。
3．春雨がスープを吸ってやわらかくなったらふたをはずし、強火にして余分な水分をとばす。器に盛って香菜をちらす。

トマトの卵炒め

オイスターソースの力で、肉や魚介を入れなくても旨みたっぷりの味わいに。

材料／２人分

卵…３個

トマト（横半分に切り、種を取ってざく切り）…２個

にんにく（みじん切り）…１かけ

A

- 酒…小さじ２
- オイスターソース…小さじ２
- 塩…ふたつまみ

サラダ油…大さじ１

黒こしょう…適量

作り方

１．ボウルに卵を割りほぐし、Aを加えて混ぜ合わせる。

２．フライパンにサラダ油、にんにくを入れて中火にかけ、香りがしてきたらトマトを加えて軽く炒める。トマトをフライパンの端に寄せ、あいたところに１の卵を流し入れる。半熟状にかたまってきたら大きく混ぜて、トマトと合わせる。

３．器に盛って黒こしょうをふる。

牛肉とエリンギの黒こしょう炒め

油で黒こしょうを炒めるのがポイント。ピリッと風味豊かな炒めもの。

材料／２人分

牛切り落とし肉（一口大に切る）… 250g

エリンギ（一口大に切る）… 中２本

オイスターソース … 大さじ 1.5

酒 … 大さじ１

粗挽き黒こしょう … 小さじ 1/2

塩 … 適量

サラダ油 … 大さじ１

作り方

１．牛肉をボウルに入れてオイスターソースをもみ込み、10分ほどおいて下味をつける。

２．フライパンにサラダ油、黒こしょうを入れて弱火にかける。香りがしてきたらエリンギ、牛肉を順に加え、酒をふりかけて中火で炒める。

３．具に火が通ったら味をみて塩でととのえ、器に盛る。

オイスターソース

鶏肉と青梗菜の
オイスターソース煮

オイスターソースをだしのように使う、お手軽煮もの。とろみのついたスープがおいしい。

材料／２人分

鶏もも肉（一口大に切る）
…大１枚（300～350g）
青梗菜（ざく切り）…１株
A
しょうが（千切り）…1/2かけ
酒…大さじ２
水…1.5カップ
オイスターソース…大さじ４
塩…適量
水溶き片栗粉…適量
ごま油…小さじ１

作り方

１．鍋にAを入れて強火にかける。沸騰したら鶏肉を加え、アクをすくいながら弱火で10分煮る。
２．鶏肉に火が通ったら青梗菜を加えてサッと煮、味をみて塩でととのえる。
３．水溶き片栗粉を少しずつ加えてとろみをつけ、仕上げにごま油を加えて混ぜる。

白身魚と白菜の蒸し煮

旨みがしみ込んだ野菜もたっぷり食べられる、フライパンで作る蒸し煮魚。

材料／２人分

白身魚の切り身（たい、たらなど）… 2 切れ
白菜（小さめの一口大に切る）… 2 枚
にんじん（細切り）… 5cm
たまねぎ（薄切り）… 1/4 個
しょうが（千切り）… 少々
細ねぎ（小口切り）… 適量
A〈 混ぜ合わせる 〉
　水 … 1/2 カップ
　酒 … 大さじ１
　オイスターソース … 大さじ１
　ごま油 … 小さじ１
黒こしょう … 適量

作り方

１．フライパンに細ねぎ以外の半量の野菜を広げて魚の切り身を並べ入れ、さらに残りの野菜を上に広げてのせる。
２．１にAをまわし入れてふたをする。強火にかけ、沸騰してきたら弱火にして７～8分蒸し煮にする。
３．魚に火が通り、白菜がクタッとなったら仕上げに細ねぎをちらし、黒こしょうをふる。

豚肉とねぎの
梅みそオイスター蒸し

梅干しの酸味がオイスターソースの甘みをきゅっと引き締める、こっくり味の蒸し料理。

材料／２人分

豚ロース薄切り肉
（しょうが焼き用）… 250g
長ねぎ（斜め薄切りにし、
1/3 量は水にさらす）
… 20cm
A〈 混ぜ合わせる 〉
梅干し（たたく）… １個
酒 … 大さじ１
オイスターソース
… 大さじ 1.5
みそ … 小さじ 1/2
バター … 10g
黒こしょう … 適量

作り方

１．豚肉をボウルに入れてＡをもみ込み、10分ほどおいて下味をつける。

２．耐熱皿に水にさらしていないねぎを広げ、１の豚肉を１枚ずつ広げてドーナツ状にのせ、バターを切り分けてちらす。ふんわりとラップをかぶせ、電子レンジ(600W)で４分加熱して様子を見、肉に火が通っていなかったら 10 秒ずつさらに加熱する。加熱しすぎると焦げるので注意。

３．ラップをはずしてよく混ぜ返し、味をなじませる。器に盛り、水にさらしていたねぎの水気をきってのせ、黒こしょうをふる。

隠し味の柚子こしょうがピリッときいた、豊かな旨みの中華風パスタ。

えびとまいたけの中華風パスタ

材料／２人分

スパゲティ … 160g
えび（ブラックタイガー、
　尾を残して殻をむき
　背ワタを取る）… 中８尾
にんにく（みじん切り）
　… １かけ
まいたけ（一口大に切る）
　… 1/2 パック
青じそ（大まかにちぎる）
　… 10 枚

A
　酒 … 大さじ２
　オイスターソース
　　… 大さじ２
　柚子こしょう
　　… 小さじ 1/4
サラダ油 … 大さじ１
塩、黒こしょう
　… 各適量

作り方

１．鍋にたっぷりの湯を沸かして塩適量（分量外）を加え、スパゲティを袋の表示時間より１分短くゆでる。

２．フライパンにサラダ油を中火で熱し、えびを炒める。表面の色が変わってきたらにんにく、まいたけを加えてさらに炒める。スパゲティのゆで汁 1/4 カップ、Aを加えて煮立たせる。

３．２にゆであがったスパゲティを加えて炒め合わせ、味をみて塩でととのえる。青じそを加えてざっと混ぜ、器に盛って黒こしょうをふる。

第3位

豆《トウ》板《バン》醤《ジャン》

少量を効果的に生かすのがコツ。

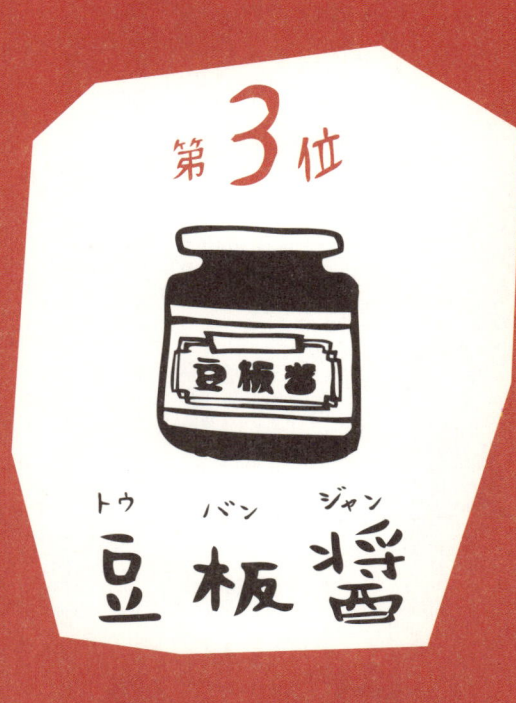

使い切れない調味料劇場［豆板醤編］

豆板醤

そら豆でつくったみそに唐辛子などを加えた中国の調味料、豆板醤《トウバンジャン》。四川省で多く作られ、麻婆豆腐には欠かせません。でも、使う量が少量の割に瓶にたっぷり入っているので、なかなか減らないのが現実。そして、麻婆豆腐以外の料理だと何に使えばいいのやら……。でも、発酵調味料ならではのコクと旨みがある「唐辛子みそ」と思えば、ちょっと考え方が変わるはず。ほんの少し入れるだけで何でもピリ辛味になるので、納豆に少々、みそ汁に少々、かまたまうどんに少々。いつもの味に変化をつけたい時に、ピリリとさせる名選手。赤い色も、食欲をそそります。

塩もみした大根を、豆板醤だれで和えるだけ。箸休めにどうぞ。

大根の豆板醤和え

材料／２人分

大根（皮つきのまま5mm厚さのいちょう切り）
　… 7cm

塩 … 小さじ1/2

A〈 混ぜ合わせる 〉

　豆板醤 … 小さじ１

　ごま油 … 大さじ１

作り方

１. ボウルに大根を入れ、塩を加えて軽くもみ、２～３分おく。

２. しんなりしたら軽く水洗いして水気をしぼり、Aでよく和える。

◎大根は皮つきのまま使い、パリパリした食感を残すのがポイント。

豆板醤

ピリッとまろやか。まったりクリーミーな簡単白和え。

いんげんのピリ辛白和え

材料／２人分

さやいんげん … 150g

もめん豆腐 … 1/2 丁

A〈 混ぜ合わせる 〉

にんにく（すりおろし）… 1/2 かけ

白すりごま … 大さじ 2

砂糖 … 小さじ 1/3

みそ … 小さじ 2

豆板醤 … 小さじ 1

作り方

1．いんげんは塩少々（分量外）を加えた湯でサッとゆで、ざるにあげて自然に冷ます。ヘタを落として 3cm 長さの斜め切りにする。豆腐はキッチンペーパーで包んで 15 分ほど水きりをする。

2．ボウルに豆腐をくずし入れ、フォークの背などでなめらかになるようすりつぶす。A を加えてよく混ぜ合わせる。

3．いんげんを 2 のボウルに加えてざっくり和え、器に盛る。

豆板醤

かぼちゃの
豆板醤マヨネーズ和え

豆板醤独特の辛みを、マヨネーズで中和。甘いかぼちゃがピリッと大人な味わいに。

材料／２人分

かぼちゃ（2cm の角切り）… 150g

A〈 混ぜ合わせる 〉

豆板醤 … 小さじ 1/2

マヨネーズ … 大さじ 2

作り方

1．かぼちゃはさっと水にくぐらせ、キッチンペーパーを敷いた耐熱皿に並べる。ふんわりとラップをして、電子レンジ（600W）で３～４分加熱する。

2．竹串がスッと通るくらいになったら取り出し、余分な水分を捨て、そのまま冷ます。

3．ボウルにかぼちゃを入れてフォークの背などで粗くつぶし、A で和える。

◎かぼちゃ以外に、じゃがいもやキャベツでもOK。豆板醤マヨネーズはお好み焼きや生春巻きにつけてもおいしい。

豆板醤

四川風キャベツ

ゆでて甘みを引き出したキャベツを、ピリ辛酢じょうゆでいただきます。

材料／２人分

キャベツ（一口大に切る）… 1/4 個

A〈 混ぜ合わせる 〉

- しょうゆ … 大さじ 2
- 酢 … 大さじ 1
- 砂糖 … 小さじ 2
- 豆板醤 … 小さじ 1/2

作り方

1．鍋に湯を沸かして塩少々（分量外）を加え、キャベツをサッとゆでてざるにあげ、そのまま粗熱をとる。

2．キャベツの水気を軽くしぼって器に盛り、Aをまわしかける。

あさりとしいたけの辛味炒め

あさりのだしとしいたけの旨みをたまねぎが受け止める、味わい深い炒めもの。

材料／２人分

生しいたけ（薄切り）… 3 枚

たまねぎ（薄切り）… 1/4 個

あさり（砂抜きする）… 20 ～ 30 個

酒 … 1/4 カップ

塩 … 適量

豆板醤 … 小さじ１

サラダ油 … 大さじ１

作り方

１．フライパンにサラダ油を中火で熱し、しいたけ、たまねぎを炒める。たまねぎがしんなりしたら豆板醤を加えてざっと炒め合わせる。

２．あさり、酒を加えてふたをし、あさりの口が開くまで１～２分蒸し焼きにする。

３．味をみて足りなければ塩でととのえ、汁ごと器に盛る。

◎あさりからも塩分が出るので、仕上げの塩は味をみながら調整する。

豆板醤

豆板醤豚みその温やっこ

カリッとしてコクのある豚みそと、やわらかな豆腐の食感の違いを楽しんで。

材料／２人分

豚バラ薄切り肉（1cm 幅に切る）… 120g

もめん豆腐 … 1/2 丁

細ねぎ（小口切り）… 適量

A〈 混ぜ合わせる 〉

- 砂糖 … 小さじ 2
- みそ … 大さじ 2
- 酒 … 大さじ 2
- 豆板醤 … 小さじ 1.5

作り方

1．フライパンに油をひかずに豚肉を並べ入れ、強火にかける。肉から脂が出てきたら、返しながら両面をカリカリに焼く。キッチンペーパーの上に取り出して余分な脂をきり、ボウルに入れ A と合わせる。

2．豆腐は半分に切り、キッチンペーパーを敷いた耐熱皿に並べ、電子レンジ（600W）で 2 ～ 3 分加熱する。

3．温まった豆腐をスプーンですくって器に盛り、1 をのせて細ねぎをちらす。

◎豚みそは作りおきOK。おにぎりの具材にもぴったり。

みょうがの香りがさわやかな、さっぱり辛い炒めもの。

ゴーヤー、みょうが、豚肉のチャンプルー

材料／２人分

豚こまぎれ肉（一口大に切る）… 200g
ゴーヤー（半分に切ってワタをこそげ取り、3mm 幅の薄切り）… 1/2 本
みょうが（薄切り）… ２個
A
酒 … 小さじ２
豆板醤 … 小さじ１
黒こしょう … 少々
塩 … 少々
サラダ油 … 大さじ１

作り方

1．ボウルにAを合わせ、豚肉を加えてもみ込み、５分ほどおいて下味をつける。
2．フライパンにサラダ油を中火で熱し、豚肉を炒める。色が変わったらゴーヤーを加えて塩をふり、さらに炒める。
3．ゴーヤーに火が通ったらみょうがを加えてサッと炒め合わせ、器に盛る。

豆板醤

ゆで鶏の
インドネシア風サラダ

ピーナッツソースで温野菜を食べる、インドネシアのサラダ「ガドガド」がヒント。

材料／２人分

鶏ささみ … ２枚

厚揚げ豆腐（10cm 四方）… 1/2 枚

きゅうり（3mm 幅の輪切り）… １本

ミニトマト（半分に切る）… ５個

A〈 混ぜ合わせる 〉

- 牛乳 … 小さじ 1/2
- しょうゆ … 小さじ２
- 砂糖 … 小さじ１
- 酢 … 小さじ 1/2
- ピーナッツバター … 大さじ１
- 豆板醤 … 小さじ１

作り方

１．鶏ささみは酒少々（分量外）を加えた湯でゆで、粗熱をとって小さめの一口大に手で裂く。

２．厚揚げは熱湯をかけて油抜きをし、水気をしっかりときって 5mm 幅の一口大に切る。

３．1、2、きゅうりとミニトマトをボウルに合わせ、A で和えて器に盛る。

◎ゆでたじゃがいもやキャベツ、ゆで卵などを加えてもおいしい。

豆板醤

辛いかまたま

おなじみのかまたまに豆板醤とオイスターソースをプラス。ごま油とすだちで香りよく。

材料／１人分

冷凍うどん … １玉

卵 … １個

A

- 豆板醤 … 小さじ 1/2
- オイスターソース … 小さじ１
- ごま油 … 小さじ 1/4

すだち（半分に切る）… 適量

作り方

１．どんぶりに卵を割りほぐし、Aを混ぜておく。

２．鍋に湯を沸かしてうどんを袋の表示時間どおりにゆで、ざるにあげて水気をしっかりきる。

３．うどんが熱々のうちに１のどんぶりに加え、手早く混ぜ合わせる。すだちをしぼって食べる。

豆板醤

豆板醤とカレー粉で作る、ペーストいらずのお手軽・本格タイカレー。

鶏肉のタイカレー風

材料／２人分

鶏もも肉（一口大に切る）
…200g
なす（縦半分に切ってから
1cm幅に切り、
水にさらす）…１本
にんにく（みじん切り）
…１かけ
しょうが（みじん切り）
…1/2かけ
バジルの葉…ひとつかみ
ごはん…茶碗に２杯分

豆板醤…小さじ１
カレー粉…小さじ１
ココナッツミルク
…１カップ
水…１カップ
サラダ油…大さじ１
A
- ナンプラー…大さじ１強
- 砂糖…大さじ１

作り方

1．鍋にサラダ油を中火で熱し、にんにくとしょうがを炒める。香りがしてきたら鶏肉、水気をきったなすを順に加えて炒め合わせ、豆板醤、カレー粉を加えて炒りつける。
2．ココナッツミルク、水を加えて強火にし、フツフツしてきたら弱めの中火にして15分ほど煮る。
3．なすがやわらかく煮えたらバジルの葉を加え、Aで味をととのえる。ごはんと一緒に器に盛る。

第4位

コチュジャン

豆板醤とは逆に、たっぷり使ってコクを出す。

使い切れない調味料劇場［コチュジャン編］

週末、女友達と
韓国へプチトリップ!
ブーン
1
2
本場韓国の
コチュジャン
買って帰ろ
見たことないパッケージ
3
気がつけば
「醤系」の調味料
だらけ…!
違いもイマイチわからん…

コチュジャン

豆板醤《トウバンジャン》や甜麺醤《テンメンジャン》など、とかく混同しがちな醤系の調味料。見た目も似ていますが、豆板醤は中国の調味料、コチュジャンは朝鮮半島の調味料で、韓国料理に欠かせません。唐辛子ともち米などが主な原料で、麹や塩などを合わせて発酵させて作るため、辛みと麹由来の甘みが特徴。

豆板醤は少量でしっかり辛くなりますが、コチュジャンは逆に、たっぷりめに使うと豊かなコクと深みが加わります。マヨネーズやクリームチーズ、豆乳などと合わせると、「ピリ甘まろやか」な味わいに。

コチュジャンディップと生野菜

野菜がどんどん食べられる、まろやかなピリ辛ディップ。

材料／２人分

きゅうり、セロリ、パプリカ
（スティック状に切る）… 各適量

A
- クリームチーズ（常温にもどすか、ソフトタイプを使用）… 50g
- コチュジャン … 小さじ１

作り方

Aを混ぜ合わせ、彩りよく盛りつけた野菜に添える。

コチュジャン

切り干し大根のコチュジャン和え

ポリポリとした歯ごたえが楽しいピリ辛和え。少量の酢が味を引き締めます。

材料／２人分

切り干し大根 … 40g
きゅうり（縦半分に切ってから斜め薄切り）
　… １本
にんじん（細切り）… 1/3 本
塩 … 小さじ 1/4
A〈 混ぜ合わせる 〉
　にんにく（すりおろし）… 1/2 かけ
　酢 … 小さじ１
　砂糖 … 小さじ１
　しょうゆ … 小さじ 1/2
　コチュジャン … 大さじ１
　ごま油 … 大さじ 1/2

作り方

1．切り干し大根はたっぷりの水に７～８分つけてかためにもどし、水気をしぼる。
2．きゅうり、にんじんはボウルに合わせて塩を加え、軽くもんでしんなりさせる。水気をしぼって１と合わせる。
3．２をＡでよく和え、器に盛る。

コチュジャン

たたきごぼうの
コチュマヨサラダ

コチュジャンとマヨネーズは相性抜群。ごぼうは手で割ることで、味がよくからみます。

材料／２人分

ごぼう …１本

酢 … 大さじ１

A

- 砂糖 … 小さじ１
- コチュジャン … 小さじ２
- 黒こしょう … 少々

マヨネーズ … 大さじ３～４

作り方

1．ごぼうは泥をたわしで洗い落とす。5cmの長さに切り、すりこ木などでたたいて軽くつぶし、手で食べやすい太さに割る。

2．鍋に湯を沸かして酢を加え、１のごぼうを10～15分ゆでる。やわらかくなったら水気をきってボウルに入れ、熱いうちにAを加えてよく和える。

3．ごぼうが冷めたらマヨネーズで和えて味をととのえ、器に盛る。

なすのコチュジャンみそ炒め

ごはんによく合うこってり味。お弁当のおかずにもぴったり。

材料／２人分

なす（長さ半分に切って縦６等分に切る）
　… 大２本
にんにく（みじん切り）… １かけ
しょうが（みじん切り）… 1/2 かけ
長ねぎ（みじん切り）… 5cm
ごま油 … 大さじ２
酒 … 大さじ１
A〈 混ぜ合わせる 〉
　水 … 大さじ１
　砂糖 … 小さじ１
　みそ … 大さじ１
　コチュジャン … 小さじ１

作り方

１．なすは水に５分ほどつけてアクを抜き、水気をよくきる。
２．フライパンにごま油を中火で熱し、にんにく、しょうが、長ねぎを炒める。香りがしてきたらなすを加え、酒をふり入れてふたをし、蒸し焼きにする。
３．なすがしんなりしたらふたをはずし、Aを加えてざっと炒め合わせる。

コチュジャン

まぐろの韓国風和えもの

ごまの風味豊かな、パンチのきいた味つけ。生卵をのせてどんぶりにしてもおいしい。

材料／２人分

まぐろ（刺身用、1cm の角切り）
…150g
たまねぎ（横半分に切ってから薄切りにし、水にさらす）…1/4 個
細ねぎ（小口切り）…２本
白いりごま…小さじ１
A
しょうゆ…小さじ１
酢…小さじ１
コチュジャン…小さじ 1/2

作り方

1．たまねぎの水気をよくふく。
2．ボウルにAを混ぜ合わせ、まぐろ、たまねぎ、細ねぎを加えてざっくりと和える。
3．冷蔵庫に 30 分ほど入れて味をなじませ、白ごまを混ぜ合わせて器に盛る。

コチュジャン

たこ、ピーマン、トマトの炒めもの

たことコチュジャンは、韓国でおなじみの組み合わせ。さっぱりピリ辛で食がすすむ一品。

材料／２人分

たこの足（一口大のそぎ切り）… 150g
ピーマン（縦半分切ってから横に３等分）
…２個
にんにく（みじん切り）…１かけ
長ねぎ（斜め薄切り）… 10cm
トマト（2cm の角切り）…１個
サラダ油 … 大さじ１
A〈混ぜ合わせる〉
　しょうゆ … 小さじ１
　砂糖 … ふたつまみ
　酒 … 大さじ２
　コチュジャン … 小さじ２

作り方

１．フライパンにサラダ油を入れて中火で熱し、ピーマンを炒める。香りがしてきたらたこを加えて炒める。
２．油がまわったらにんにくを加えて炒め合わせ、長ねぎを加えてさらに炒める。
３．A、トマトを加えてざっと炒め合わせ、器に盛る。

コチュジャン

鮭のスパイシーちゃんちゃん焼き

北海道の郷土料理を、コチュジャンとカレー粉でスパイシーにアレンジ。

材料／１人分

- 鮭の切り身（一口大に切る）…１切れ
- 長ねぎ（斜め薄切り）…5cm
- キャベツ（ざく切り）…１枚
- 生しいたけ（薄切り）…１枚
- A〈 混ぜ合わせる 〉
  - にんにく（すりおろし）…1/2かけ
  - 砂糖…大さじ1/2
  - みそ…大さじ1/2
  - コチュジャン…大さじ１
  - カレー粉…小さじ1/8
- バター…10g
- 酒…小さじ１
- 塩、サラダ油…各少々

作り方

１．鮭は軽く塩をふって２分ほどおき、表面に出てきた水気をふき取る。

２．アルミホイルを大きめにカットし、内側にサラダ油を薄く塗り広げる。半量のしいたけ、長ねぎ、キャベツを広げ、その上に鮭をのせてAを塗る。残りのしいたけとバターをのせて酒をふりかけ、全体をホイルでぴっちりと包む。

３．温めた魚焼きグリルやオーブントースターなどで、20分ほどじっくりと焼く。

コチュジャン

豚肉とかぼちゃの
豆乳コチュジャン鍋

深いコクが出る、みそ×コチュジャンのダブルみそ使い。豆乳をプラスしてまろやかに。

材料／２人分

豚こまぎれ肉
　（一口大に切る）… 100g
かぼちゃ（1cm 幅の
　一口大に切る）… 80g
生しいたけ（薄切り）… ２枚
もめん豆腐 … 1/2 丁
細ねぎ（小口切り）… ２本
豆乳 … １カップ
水 … ２カップ
ごま油 … 大さじ１

A
　砂糖 … 小さじ１
　みそ … 大さじ１
　コチュジャン
　　… 小さじ２
塩 … 適量

作り方

１．鍋にごま油を中火で熱し、豚肉を炒める。肉の色が変わったら水を加えて強火にする。

２．沸騰したらアクをすくってかぼちゃ、しいたけを加え、７～８分煮る。かぼちゃがやわらかく煮えたら豆乳、Aを加えて混ぜ、弱めの中火で温める。

３．水気をきった豆腐をスプーンですくって加えて軽く煮、味をみて塩でととのえる。器に盛って細ねぎをちらす。お好みでごま油をまわしかける。

コチュジャン

コチュジャンとろろうどん

懐かしい味わいのみそとろろをヒントに、韓国風にアレンジ。

材料／１人分

冷凍うどん …１玉

山いも（すりおろす）… 50g

だし … 1/2 カップ

卵黄 …１個分

にら（1cm 幅のざく切り）… ２本

細ねぎ（小口切り）…１本

白いりごま … 適量

A

　みそ … 小さじ１

　コチュジャン … 大さじ１

作り方

1．ボウルに山いもを入れ、だしを少しずつ加えながらなめらかにのばす。卵黄、Aを加えてよく混ぜ合わせる。

2．鍋に湯を沸かしてうどんを袋の表示時間どおりにゆでて、流水で洗い水気をしっかりときって器に盛る。

3．うどんの上ににら、細ねぎをトッピングする。1を別の器に盛って白ごまを指先でひねりながらちらし、うどんをつけて食べる。

コチュジャン

サラダビビンバ

アボカドのまろやかさとコチュジャンの辛みがよく合う、野菜たっぷりの一皿。

材料／２人分

ベビーリーフ、サニーレタス
（一口大にちぎる）… 各適量
アボカド（1cmの角切り）… 1/2 個
ごはん … 茶碗に軽く 2 杯分
レモン汁 … 少々
貝割れ菜（半分に切る）… 1/2 パック
白菜キムチ（一口大に切る）… 80g

A
ごま油 … 小さじ 1
酢 … 小さじ 2
塩 … 少々
白いりごま … 小さじ 1

B〈 混ぜ合わせる 〉
にんにく（すりおろし）
… 小さじ 1/2
酢 … 小さじ 1
コチュジャン
… 小さじ 2

作り方

1．ベビーリーフ、サニーレタスは合わせて冷水に放ち、シャキッとしたらサラダスピナーなどで水気をしっかりときる。ボウルに入れ、Aを上から順に加えてざっくり和える。
2．アボカドはレモン汁をからめておく。
3．器にごはんを盛り、1と2、貝割れ菜、キムチをのせる。Bをまわしかけ、全体を混ぜながら食べる。

第5位

ラー油

辛みだけでない、香りの調味料。

使い切れない調味料劇場［ラー油編］

ラー油

餃子には絶対に欠かせないラー油。でも、それ以外の使い道がなかなか思いつかず、まさに「○○にしか使わない調味料」の代表格のような存在です。ごま油に赤唐辛子などの香辛料を入れて熱し、辛みや風味、赤い色などを移した調味料ですが、いかんせん餃子以外の使い道がさっぱり思いつかないので、「小さな瓶なのに全然減らない」という声もよく聞きます。「たれに数滴入れるもの」というイメージをいったん忘れて、いろんな調味料と合わせて料理に使ってみると、新しい世界が広がりそうです。

ラー油ナッツ

ミックスナッツをラー油とはちみつで和えるだけ。甘くて辛い、あとを引く味。

材料／２人分

ミックスナッツ（有塩タイプ）… 80g

A

- ラー油 … 小さじ１
- はちみつ … 小さじ 1.5

作り方

ボウルに A をよく混ぜ合わせ、ナッツを加えて和える。

ラー油

辣白菜《ラーパーツァイ》

冷たい白菜に熱々のラー油をかけて味をなじませる、ピクルスのような四川料理。

材料／２人分

白菜 … 200g

塩 … 小さじ 1/3

A〈 混ぜ合わせる 〉

- しょうが（千切り）… 1/2 かけ
- 酢 … 1/4 カップ
- 砂糖 … 大さじ 1

B

- ラー油 … 小さじ 1
- ごま油 … 小さじ 1
- 粗びき黒こしょう … 小さじ 1/4

作り方

1．白菜は茎を細切りに、葉をざく切りにしてボウルに合わせ、塩を加えてもむ。

2．しんなりしたら軽く水気をしぼり、Aを加えてよく和える。

3．フライパンにBを合わせて弱めの中火にかけ、熱々にして２に加え、手早く混ぜ合わせる。冷まして味をなじませてから食べる。

◎キャベツでもおいしい。冷蔵庫で3日間ほど日もちするので、常備菜にも。

ラー油

ささみと高菜の
ラー油チーズ和え

淡白なクリームチーズに、ラー油の辛みがアクセント。パンによく合うおかずサラダ。

材料／２人分

鶏ささみ…２本

刻み高菜（市販）… 大さじ２

A

クリームチーズ（常温にもどす、
またはソフトタイプを使用）… 60g

ラー油 … 小さじ１

作り方

１．鶏ささみは酒少々（分量外）を加えた湯でゆで、粗熱をとってから食べやすい大きさに手で裂く。

２．ボウルにAを混ぜ合わせ、1、刻み高菜を加えてよく和え、器に盛る。

ラー油

焼きもちと油揚げのエスニック風スープ

ラー油とナンプラーを合わせた、エスニック風のお雑煮。

材料／２人分

切りもち（半分に切る）…２個
油揚げ（1cm 幅の細切り）…１枚
青梗菜（5cm 幅のざく切り）…１株
A
　酒…大さじ２
　鶏ガラスープの素（顆粒）…小さじ１
　ナンプラー…大さじ１
　ラー油…小さじ２
　水…４カップ
塩…適量

作り方

１．切りもちはオーブントースターでこんがりと焼く。油揚げもトースターで焼き色がつくまで焼く。
２．鍋にＡを入れて強火にかける。沸騰したら油揚げ、青梗菜を加えて中火で１～２分煮、味をみて塩でととのえる。
３．１のもちを加えてサッと煮て、器に盛る。

ラー油

よだれ豚

四川料理の「口水《よだれ》鶏」を豚肉でアレンジ。思いきり辛くしたほうが美味。

材料／２人分

豚ロース薄切り肉（一口大に切る）… 200g

キャベツ（太めの千切り）… 1/6 個

にんじん（細切り）… 1/3 本

酒 … 大さじ２

A〈 混ぜ合わせる 〉

　細ねぎ（小口切り）… ３本

　豚肉のゆで汁 … 大さじ 1.5

　しょうゆ … 大さじ１

　酢 … 小さじ１

　砂糖 … ふたつまみ

　ラー油 … 大さじ１～２

白いりごま … 適量

作り方

1．豚肉は酒を加えた湯でゆでる。豚肉に火が通ったら、たれに使うゆで汁を取り分け、冷水にとってから水気をよくきる。キャベツとにんじんはボウルに合わせ、塩少々（分量外）を加えてもみ、しんなりしたら水気をしぼる。

2．Aをよく混ぜ、好みの辛さにととのえる。

3．器に野菜を盛って豚肉をのせ、２をまわしかけて白ごまをちらす。

ラー油

ピリ辛オクラ納豆

材料／２人分

納豆 … ２パック

オクラ（小口切り）… ３本

みょうが（薄い輪切り）… ２個

A

　ナンプラー … 小さじ１

　ラー油 … 小さじ 1/2

　砂糖 … ひとつまみ

作り方

１．納豆をボウルにあけ、Aを加えてよく混ぜる。

２．オクラ、みょうがを加えてざっくり混ぜ、器に盛る。

ごはんや豆腐にのせたり、春巻きの皮で包んで揚げても美味。

もやしと豆苗のラー油ナムル

レモンの酸味がさわやか。野菜がたっぷり食べられます。焼肉のおともにも。

材料／2人分

もやし … 1袋

豆苗 … 1/2袋

A

にんにく（すりおろし）… 1/2かけ

白すりごま … 小さじ1

レモン汁 … 1/2個分

塩 … 小さじ1/2

ラー油 … 小さじ1

作り方

1. もやし、豆苗は熱湯でサッとゆでてざるにあげ、粗熱をとる。
2. ボウルにAを混ぜ合わせ、1を軽くしぼって加えて和え、器に盛る。

塩マーボー豆腐

豆板醤を使わずにラー油で辛みをつける、あっさり味のマーボー豆腐。

材料／2人分

もめん豆腐（2～3cm角に切る）…1丁
豚ひき肉…120g
長ねぎ（粗みじん切り）…10cm
にんにく（みじん切り）…1かけ
しょうが（みじん切り）…1/2かけ
ごま油…大さじ1/2

A
- 水…1カップ
- 酒…大さじ2
- 塩…小さじ1/2
- 鶏ガラスープの素（顆粒）…小さじ1/2
- ラー油…大さじ1と1/3

水溶き片栗粉…適量
黒こしょう…適量

作り方

1．豆腐をキッチンペーパーの上に並べ、15分ほど水きりをする。
2．フライパンにごま油、にんにく、しょうがを入れて中火で熱し、香りがしてきたらひき肉を炒める。色が変わってほぐれたら長ねぎを加えて炒め合わせ、Aを加えて強火にする。
3．フツフツしてきたら1の豆腐を加えて軽く煮、水溶き片栗粉を加えてとろみをつける。器に盛って黒こしょうをふる。

ラー油

エスニックトマト麺

暑い季節にぴったり。トマトの酸味に、甘み、辛み、塩気をバランスよく組み合わせて。

材料／1人分

中華麺 … 1玉

トマト（薄切り）… 1/2 個

香菜《シャンツァイ》（ざく切り）… 適量

A

- 酢 … 大さじ1
- ナンプラー … 大さじ1
- はちみつ … 大さじ1
- ラー油 … 小さじ1

作り方

1. 中華麺は袋の表示時間どおりにゆで、流水で洗ってざるにあげ、しっかりと水気をきる。
2. ボウルにAを合わせ、1の中華麺、トマトを加えて和える。
3. 器に盛って香菜をちらす。

ラー油

にらたっぷりペペロンチーノ

たかの爪の代わりにラー油で辛みづけ。にらの香りによく合うスパイシーな味わい。

材料／1人分

スパゲティ … 80g

にら（5cm 幅のざく切り）… 1/4 束

A

- にんにく（薄切り）… 1/2 かけ
- サラダ油 … 大さじ 1/2
- ラー油 … 大さじ 1/2
- 塩 … 小さじ 1/4

塩、黒こしょう … 各適量

作り方

1．鍋にたっぷりの湯を沸かして塩適量（分量外）を加え、スパゲティを袋の表示時間より1分短くゆでる。

2．フライパンにAを入れ、混ぜながら弱火にかける。にんにくがうっすら色づいたらいったん火を止める。

3．スパゲティがゆであがったら水気をきって2に加え、強めの中火にかける。ゆで汁大さじ 1.5、にらを加えてざっと炒め合わせ、味をみて塩でととのえる。器に盛って黒こしょうをふる。

第6位

スイートチリソース

ごはんもお酒もすすむ濃厚な味つけが得意技。

使い切れない調味料劇場［スイートチリソース編］

1
週末
ホームパーティー
やるから来ない？
行く行く！
2
とりあえず
生春巻き
何となくカッコつくし
くるりん
3
しかし
スイートチリソース
の瓶って
デカイよな
weekend
もっと
小さくて
いいのにねぇ

スイートチリソース

ベトナム料理の代表的存在といえば、生春巻き。「スイートチリソース＝生春巻き」と思い浮かべるくらい、餃子におけるラー油と同様、使い道が思いつかない調味料です。しかも、瓶が大きい。「甘辛くて酸っぱい」という、独特なこのソースの原材料は、砂糖、赤唐辛子、にんにく、酢、塩と、意外とシンプルで、マヨネーズと混ぜて野菜を和えたり、しょうゆと合わせて炒めものにしても美味。唐辛子は火を通すと辛さが際立つので、チャーハンにもぴったりです。おなじみの料理も、簡単にアジアンな味わいに変身します。

キャベツじゃこサラダ

スイートチリソースの甘さがお酢でスッキリ。ピーナッツの食感も楽しい。

材料／２人分

キャベツ（千切り）… 1/6 個

ちりめんじゃこ（軽く炒る）… 大さじ 2

炒りピーナッツ（刻む）… 適量

塩 … 小さじ 1/4

A〈 混ぜ合わせる 〉

　酢 … 小さじ 2

　スイートチリソース … 大さじ 1.5

作り方

1．ボウルにキャベツを入れ、塩を加えて軽くもむ。しんなりしたら水気をしぼり、器に盛る。

2．1の上にちりめんじゃこ、ピーナッツをのせ、Aをまわしかける。

スイートチリソース

豚バラと大根の
チリマヨネーズ和え

カリッと焼いた豚肉に、シャキシャキの生大根。異なる食感が楽しいおかずサラダ。

材料／２人分

豚バラ薄切り肉（一口大に切る）… 120g
大根（皮つきのまま細切り）… 5cm
青じそ（千切り）… ５枚
ナンプラー … 小さじ１
ごま油 … 大さじ 1/2
A〈 混ぜ合わせる 〉
　スイートチリソース … 大さじ２
　マヨネーズ … 小さじ２
　水 … 小さじ２
白いりごま … 大さじ１

作り方

１．フライパンにごま油を強火で熱し、豚肉を炒める。表面がカリッとしてきたらナンプラーをふりかけ、ざっとなじませて火からおろす。
２．１の豚肉を余分な脂をきってボウルに入れ、大根、Ａを加えて和える。
３．２に青じそと白ごまを加えてざっくり混ぜ、器に盛る。

ツナとにんじんのサラダ

ツナはさっと湯通しすることでほどよく油が抜け、ドレッシングがよくからみます。

材料／２人分

ツナ缶 … 1 缶（165g）

にんじん（千切り）… 1/3 本

ミニトマト（半分に切る）… 5 個

サニーレタス（ちぎる）… 2 枚

塩 … 少々

A〈 混ぜ合わせる 〉

スイートチリソース … 大さじ 1.5

レモン汁 … 1/2 個分

作り方

1．小鍋に湯を沸かしてツナを缶汁ごと加え、サッと湯通ししてざるにあげ、しっかりと水気をきる。

2．にんじんをボウルに入れて塩を加え、軽くもんでしんなりしたら水気をしぼる。

3．1、2、ミニトマト、サニーレタスを合わせ、Aでよく和えて器に盛る。

ちくわの
スイートチリソース炒め

しょうゆが隠し味。しっかり味でお弁当にもぴったりの甘辛おかず。

材料／２人分

ちくわ（1cm 幅の斜め切り）… 5 本

サラダ油 … 大さじ 1

A〈 混ぜ合わせる 〉

- スイートチリソース … 大さじ 1
- しょうゆ … 小さじ 1
- 水 … 大さじ 1

黒こしょう … 適量

作り方

1．フライパンにサラダ油を中火で熱し、ちくわを炒める。

2．ちくわに焼き色がついたら A を加えて炒め合わせ、器に盛って黒こしょうをふる。

タイ風オムレツ

ケチャップを加えたチリソースで食べる、ピリ辛味のふっくらオムレツ。

材料／２人分

卵 … 2 個

豚ひき肉 … 50g

細ねぎ（小口切り）… 2 本

香菜《シャンツァイ》 … 適量

ナンプラー … 小さじ 1/2

サラダ油 … 大さじ 4

A〈 混ぜ合わせる 〉

スイートチリソース … 大さじ 1

ケチャップ … 大さじ 1

作り方

１．ボウルに卵を割りほぐし、ナンプラー、豚肉を加えてよく混ぜ合わせる。細ねぎも加えて混ぜる。

２．フライパンにサラダ油を強火で熱し、十分に熱くなったら１を一気に流し入れる。プクプクとふくらみ、表面がかたまってきたら手早く裏返してサッと焼く。

３．余分な油をきって器に盛り、Aと香菜を添える。

◎たっぷりの油で揚げるように焼き、ふっくらと仕上げます。

スイートチリソース

チキンソテーの
ジンジャーチリソース

フライパンでカリッと焼いたシンプルな鶏肉に、濃厚なソースがよく合います。

材料／２人分

鶏もも肉 … 大１枚（300 ～ 350g）
サニーレタス … 適量
塩、黒こしょう … 各少々
サラダ油 … 大さじ１
A〈混ぜ合わせる〉
　しょうが（すりおろし）… 1/2 かけ
　スイートチリソース … 大さじ２
　水 … 大さじ２
バター … 小さじ１

作り方

１．鶏肉は身に数本切り込みを入れ、塩、黒こしょうをまんべんなくまぶす。
２．フライパンにサラダ油を強火で熱し、１の鶏肉を皮目を下にして焼く。皮に焼き色がついたら裏返し、ふたをして弱火にして焼く。中まで火が通ったら取り出し、食べやすく切って器に盛る。
３．２のフライパンにAを加えて強めの中火にかける。フツフツとして少し煮詰まったらバターを加えて溶かし、鶏肉の上からかけ、サニーレタスを添える。

さきいかのフライ、らっきょうチリソース

カリッと揚がった香ばしいさきいかに、甘酸っぱいソースをからめて。

材料／２人分

ソフトさきいか … 40g

A

- マヨネーズ … 大さじ１
- 塩 … 少々
- 冷水 … 1/2 カップ
- 薄力粉 … 大さじ６

B〈 混ぜ合わせる 〉

- 甘酢漬けらっきょう（市販、粗みじん切り）… 大さじ１
- 酢 … 大さじ１
- スイートチリソース … 大さじ２

揚げ油 … 適量

作り方

１．ボウルにAのマヨネーズ、塩、冷水を混ぜ合わせ、薄力粉を加えてさっくりと混ぜる。

２．揚げ油を中温（170℃）に熱する。さきいかを食べやすく切って１にからめ、小さなかたまりにして油に落とし、カリッと揚げる。

３．油をきって器に盛り、Bを添える。

スイートチリソース

簡単えびチリ

炒めたえびにソースをからめるだけ。手軽に作れる本格えびチリ。

材料／2人分

えび（ブラックタイガー）… 中12尾
キャベツ（千切り）… 2～3枚
長ねぎ（みじん切り）… 10cm
しょうが（みじん切り）… 1/2かけ
サラダ油 … 大さじ1.5

A
- 酒 … 小さじ2
- 塩、黒こしょう … 各少々
- 片栗粉 … 小さじ1

B〈混ぜ合わせる〉
- しょうゆ … 小さじ1
- ケチャップ … 大さじ2
- スイートチリソース … 大さじ2
- ごま油 … 小さじ1

作り方

1．えびは尾を残して殻をむき、背開きにして背ワタを取り除く。ボウルに入れ、Aをまぶして下味をつける。キャベツは冷水に放ってシャキッとさせ、水気をよくきる。

2．フライパンにサラダ油大さじ1を強めの中火で熱し、えびを炒める。表面の色が変わり、8割ほど火が通ったらいったん取り出す。

3．2のフライパンに残りのサラダ油を足し、ねぎとしょうがを中火で炒める。香りがしてきたらえびを戻し入れて炒め合わせ、火からおろしてBをからめる。キャベツを広げた器に盛る。

スイートチリソース

クリームチーズと青じその
スパゲティ

シェアして食べたい、まったりクリーミーパスタ。ホームパーティーの前菜などにも。

材料／２人分

スパゲティ … 160g

青じそ（千切り）… 10 枚

A

- クリームチーズ（常温にもどす、または ソフトタイプを使用）… 80g
- 牛乳 … 大さじ 4
- 塩 … 少々
- スイートチリソース … 大さじ 2

黒こしょう … 適量

作り方

1．鍋にたっぷりの湯を沸かして塩適量（分量外）を加え、スパゲティを袋の表示時間どおりにゆでる。

2．大きめのボウルにAを合わせ、よく混ぜ合わせておく。

3．スパゲティがゆであがったらざるにあげてしっかりと水気をきり、2のボウルに加えてよく和える。器に盛って青じそをちらし、黒こしょうをふる。

スイートチリソース

スパイシーバジルチャーハン

ナシゴレンのような、アジアの屋台風チャーハン。レモンをしぼってさっぱりと。

材料／２人分

鶏むね肉（一口大のそぎ切り）… 80g
さやいんげん（1cm 幅の小口切り）… ５本
たまねぎ（薄切り）… 1/4 個
溶き卵 … １個分
ごはん … 200g
バジルの葉 … ひとつかみ
にんにく（みじん切り）… １かけ
きゅうり（斜め薄切り）、レモン（くし形切り）… 各適量
しょうゆ … 大さじ１
黒こしょう … 適量
サラダ油 … 大さじ１
スイートチリソース … 大さじ１

作り方

１．フライパンにサラダ油、にんにくを入れて中火にかけ、香りがしてきたら鶏肉を炒める。いんげん、たまねぎを加えて炒め、スイートチリソースを加えてざっと炒め合わせる。

２．フライパンの端に具を寄せ、あいたところに溶き卵を流し入れる。かたまってきたら大きく混ぜながら具と合わせ、ごはんを加えて木べらでよく炒め合わせる。

３．ごはんがほぐれてパラパラになったらバジルを加えて混ぜ、鍋肌からしょうゆをまわし入れる。器に盛って黒こしょうをふり、きゅうりとレモンを添える。

第7位

バルサミコ酢

そのままだとさわやかに、火を通せばコクが出る。

使い切れない調味料劇場［バルサミコ酢編］

バルサミコ酢
置いてると、なんだか
料理上手風♡
1
2
彼が出来たら
イタリアン
作ってあげるの
サラダの
ドレッシングとか
3
でも
ドレッシングしか
使い道知らない……
その前に彼

バルサミコ酢

「何となく買ってみた」「なぜか憧れて」という声がとても多い、バルサミコ酢。ぶどう果汁を煮詰め、木樽で何年も熟成させて作られる果実酢で、イタリア料理には欠かせません。パッケージがおしゃれなものも多く、キッチンに置いてあるだけで気分が上がりますが、「なかなか使いこなせない」という声が多い調味料でもあります。豊かな香りと甘み、コクが特徴のバルサミコ酢は、実は和食との相性抜群。しょうゆと合わせてソースにしたり、焼きなすやきんぴらなど、おなじみのメニューに使うと雰囲気が途端に変わって驚くはず。いつもの料理に気軽に取り入れてみましょう。

焼きなすバルサミコ

こんがり焼いたなすにバルサミコ酢をかけるだけ。目先の違う焼きなすに。

材料／2人分

なす（縦半分に切る）… 3本
クレソン（ざく切り）… 適量
オリーブ油 … 大さじ1
A〈混ぜ合わせる〉
　にんにく（すりおろし）… 少々
　バルサミコ酢 … 小さじ2
　塩 … 適量

作り方

1．フライパンを強めの中火で熱し、油をひかずになすを切り口を下にして並べる。
2．切り口にこんがりと色がつくまで焼き、オリーブ油を加えてなじませる。ひっくり返してもう片面は軽く焼く。
3．火からおろしてAを加え、ざっとからめたら器に盛ってクレソンを添える。

長ねぎのバルサミコマリネ

とろりとしたねぎが美味。しょうゆと組み合わせると、どこかホッとする和の味わい。

材料／2人分

長ねぎ（5cm 長さのぶつ切り）… 2 本
オリーブ油 … 大さじ 1
塩 … 少々
白ワイン … 大さじ 2
バルサミコ酢 … 大さじ 3
しょうゆ … 小さじ 1/2
白いりごま … 大さじ 1

作り方

1. フライパンにオリーブ油を弱めの中火で熱し、長ねぎを並べ入れる。全体に焼き色がつくまで転がしながら焼き、塩、白ワインを加え、ふたをして 3 分ほど蒸し焼きにする。
2. ねぎがクタッとやわらかくなったらバルサミコ酢大さじ 2、しょうゆをまわしかけて強火にし、煮詰めながら水分をとばす。
3. 残りのバルサミコ酢、白ごまを加えて混ぜ、器に盛る。

◎白ワインがなければ酒でも作れる。
◎最初に加えるバルサミコ酢は煮詰めてコクを出し、仕上げのバルサミコ酢で香りをプラスする2段階活用。

バルサミコ酢

豆腐、トマト、生ハムのサラダ

オリーブ油とバルサミコ酢で、豆腐がモッツァレラチーズのようなコクのある味わいに。

材料／２人分

もめん豆腐 … 1/2 丁

ミニトマト（4 等分に切る）… 6 個

生ハム（2cm の角切り）… 4 枚

ルッコラ（ざく切り）… 適量

A〈 混ぜ合わせる 〉

- にんにく（すりおろし）… 小さじ 1/2
- オリーブ油 … 大さじ 1
- 塩、黒こしょう … 各適量
- バルサミコ酢 … 大さじ 1

作り方

1．豆腐はキッチンペーパーで包み、15 分ほど水きりをする。

2．ボウルに 1 の豆腐をくずし入れ、ミニトマト、生ハム、ルッコラを加えてざっくり和える。

3．器に盛り、A をまわしかける。

豆腐ステーキ、
バルサミコソース

外側カリッ、中ふんわり。バルサミコ酢のとろみソースがよく合います。

材料／２人分

もめん豆腐 … 1/2 丁

薄力粉 … 適量

オリーブ油 … 大さじ１

A〈 混ぜ合わせる 〉

しょうゆ … 大さじ１

砂糖 … 大さじ 1.5

バルサミコ酢 … 大さじ１

作り方

１．豆腐は１～ 2cm 幅に切ってキッチンペーパーの上に並べ、10 分ほどおいて水きりをする。表面に薄力粉を薄くはたく。

２．フライパンにオリーブ油を中火で熱し、１の豆腐を並べて焼く。片面にうっすらと焼き色がついたら裏返してもう片面も焼き、取り出して器に盛る。

３．２のフライパンにＡを入れて強火にかける。とろみが出るまで煮詰め、豆腐の上からまわしかける。

バルサミコ酢

バルサミコきんぴら

いつものおかずにもバルサミコ酢を取り入れて。甘さ控えめの、さっぱりとした味わいに。

材料／２人分

ごぼう（縦半分に切ってから斜め薄切り）
　… 1/2 本
れんこん（薄い半月切り）… 150g
サラダ油 … 大さじ 1
A〈 混ぜ合わせる 〉
　しょうゆ … 大さじ 1.5
　みりん … 大さじ 1
　黒こしょう … 少々
　バルサミコ酢 … 大さじ 1.5

作り方

1．ごぼう、れんこんはそれぞれ水に軽くさらし、ざるにあげて水気をよくきる。
2．フライパンにサラダ油を強めの中火で熱し、ごぼうを炒める。全体に油がまわったられんこんも加え、さらに炒める。
3．火が通ったらAを加えて強火にし、汁気がとんで調味料が野菜にからんだら器に盛る。

バルサミコ酢

じゃがいもと豚肉のバルサミコ炒め

シャキシャキのじゃがいもと豚肉の旨みが引き立つ、あっさり塩味のおかず。

材料／２人分

じゃがいも（3mm 幅の細切りにして水にさらす）… ２個
豚こまぎれ肉（一口大に切る）… 80g
にんにく（みじん切り）… １かけ
細ねぎ（小口切り）… ２本
オリーブ油 … 大さじ１
塩、黒こしょう … 各適量
バルサミコ酢 … 大さじ 1/2

作り方

１. フライパンにオリーブ油、にんにくを入れて中火にかけ、よい香りがしてきたら豚肉を加えて炒める。
２. 肉の色が変わったら、水気をきったじゃがいもを加えて炒める。じゃがいもが透き通ってきたら、バルサミコ酢、細ねぎを加えてざっと炒め合わせる。
３. 味をみて塩でととのえ、器に盛って黒こしょうをふる。

鶏レバーとエリンギのバルサミコソテー

レバー独特の風味が、バルサミコ酢の果実味でまろやかに。パンや赤ワインとどうぞ。

材料／２人分

鶏レバー（一口大に切る）… 200g

エリンギ（乱切り）… ２本

たまねぎ（くし形切り）… 1/2 個

ルッコラ（ざく切り）… 適量

白ワイン … 大さじ２

バルサミコ酢 … 大さじ４

オリーブ油 … 大さじ１

塩、黒こしょう … 各適量

作り方

１．鶏レバーは塩水の中で洗い、表面についた血を落とす。流水でもう一度ざっと洗ってからざるにあげ、水気をきる。

２．フライパンにオリーブ油を強めの中火で熱し、鶏レバーを焼く。全体に焼き色がついたらエリンギ、たまねぎを加えて炒め合わせ、白ワインを加えてふたをし、３～４分蒸し焼きにする。

３．レバーに火が通ったら、バルサミコ酢を加えて強火で煮詰める。味をみて塩、黒こしょうでととのえ、器に盛ってルッコラを添える。

バルサミコ酢

バルサミコ酢豚

バルサミコ酢を使うことで、とびきりコクのある味わいに。揚げずに作れるお手軽酢豚。

材料／２人分

豚ロース薄切り肉（しょうが焼き用）… 200g

たまねぎ（3cm の角切り）… 1/2 個

パプリカ（3cm の角切り）… 1/2 個

サラダ油 … 大さじ３

A

しょうゆ、酒 … 各小さじ２

黒こしょう … 少々

片栗粉 … 大さじ２

B〈 混ぜ合わせる 〉

砂糖 … 大さじ２

しょうゆ、酒 … 各大さじ１

バルサミコ酢 … 大さじ３

片栗粉 … 小さじ 1/2

作り方

1．豚肉は半分に切ってボウルに入れ、Aをもみ込み下味をつける。

2．フライパンにサラダ油を強めの中火で熱し、１の豚肉を軽く丸めながら並べ入れる。全体をこんがりと焼き、中まで火が通ったらキッチンペーパーでフライパンの余分な脂をふき、たまねぎ、パプリカを加えて炒め合わせる。

3．野菜に火が通ったら、Bをよく混ぜてから加える。ゆっくり混ぜながら火を通し、汁気が少しとんでとろみがついたら器に盛る。

鶏手羽元の
フィリピン風煮込み

フィリピン料理の「アドボ」がヒントの、さっぱりコク旨煮込み。

材料／２人分

鶏手羽元 … ６本

ゆで卵 … ２個

A
- にんにく（軽くつぶす）… １かけ
- ローリエ … １枚
- しょうゆ … 1/4 カップ
- 酒 … 大さじ２
- きび砂糖 … 大さじ１
- 水 … １カップ
- 粒黒こしょう … ５粒
- バルサミコ酢 … 大さじ２

塩 … 適量

香菜《シャンツァイ》 … 適量

作り方

１．手羽元は骨の両脇に包丁で切り込みを入れ、火が通りやすいように肉を開く。

２．鍋に１を並べ入れ、Aを加えて強火にかける。沸騰したらアクをすくい、ふたをずらしてのせて10分煮る。ゆで卵を加えてさらに10分煮る。

３．味をみて足りなければ塩でととのえ、汁ごと器に盛って香菜を添える。

バルサミコキャラメルソース。ちょっぴりビターな、大人のアイス。

バルサミコアイスクリーム

材料／作りやすい分量

〈バルサミコキャラメルソース〉

- 砂糖 … 大さじ3
- 水 … 大さじ1
- 湯 … 大さじ2
- バルサミコ酢 … 大さじ1

バニラアイスクリーム … 適量

くるみ（軽く炒る）… 適量

作り方

1．小鍋に砂糖と水を入れて中火にかける。フツフツとしてきたら、ときどき鍋をゆすりながら均一に砂糖を焦がし、きつね色になったら火からおろす。

2．湯を加えて落ち着かせ（はねるので注意）、バルサミコ酢を加えて混ぜ、耐熱容器に移して冷ます。

3．器にアイスクリームを盛って2のソースをまわしかけ、割ったくるみをちらす。

◎チョコレートアイスクリームにかけると、よりビターな味わいに。

第8位

粒マスタード

あらゆる料理をサッパリさせる、味の引き締め役。

使い切れない調味料劇場［粒マスタード編］

1
粒マスタードってソーセージにしかつけないよね
うん
2
粒マスタードの粒って何者？
うーんなんだろう？
3
粒マスタードって謎…
たしかに
でもないと物足りない

粒マスタード

「そういえば、粒マスタードの粒って何だろう」と思い、調べてみました。粒マスタードはマスタード（からし菜）の種を完全に挽《ひ》かず、粒が残る状態でビネガーなどを合わせた調味料。プチプチとしたあの粒の正体は、種だったのです。からし菜といっても辛さはほとんどないので、香りや酸味を生かした調理法が得意技。ソーセージに使うだけじゃもったいない。手始めに、納豆やからし和えなど、普段からしを使っているものを粒マスタードに代えてみると、新鮮な味わいに。シンプルな炒めものも、粒マスタードの酸味で締まり、おうちごはんのレベルが格段に上がるはず！

粒マスタード

菜の花のマスタード和え

からしをマスタードに代えてみると、いつものおひたしも目先の変わった味わいに。

材料／２人分

菜の花 … １束

A〈 混ぜ合わせる 〉

しょうゆ、粒マスタード … 各小さじ２

作り方

１．菜の花は根元を水に５分ほどつけてシャキッとさせ、ざっと洗って水気をきる。

２．塩少々（分量外）を加えた湯に茎から入れてゆで、ざるにあげて自然に冷ます。

３．水気をしぼって食べやすく切り、器に盛ってAをまわしかける。

◎菜の花以外に、季節の青菜で作ってもおいしい。

粒マスタード

キャベツとソーセージのマスタードマヨ炒め

まろやかなマヨネーズを、マスタードでキリッと引き締めた、コクのある炒めもの。

材料／２人分

ウィンナソーセージ（斜め薄切り）… 5 本

キャベツ（一口大に切る）… 1/8 個

たまねぎ（くし形切り）… 1/4 個

サラダ油 … 大さじ 1

A〈 混ぜ合わせる 〉

　マヨネーズ … 大さじ 2

　粒マスタード … 小さじ 2

塩、黒こしょう … 各適量

作り方

1．フライパンにサラダ油を中火で熱し、ソーセージを炒める。油がまわったらキャベツ、たまねぎを加え、軽く塩をふって炒め合わせる。

2．キャベツに火が通ってかさが減ったら A を加え、さらに炒め合わせる。

3．味をみて塩でととのえ、器に盛って黒こしょうをふる。

粒マスタード

豚肉とズッキーニのマスタード炒め

肉に下味をつけることでくさみが消えて、よりしっかりとした味に。パスタと和えても。

材料／２人分

豚ロース薄切り肉（一口大に切る）… 150g

ズッキーニ

（縦半分に切ってから斜め薄切り）… １本

長ねぎ（斜め薄切り）… 10cm

A

粒マスタード … 大さじ１と1/3

塩、砂糖、黒こしょう … 各少々

酒 … 大さじ１

しょうゆ … 小さじ２

ごま油 … 大さじ１

作り方

１．豚肉をボウルに入れ、Aをもみ込み５分ほど下味をつける。

２．フライパンにごま油を中火で熱し、１の豚肉を炒める。色が変わったらズッキーニと長ねぎを加え、酒をふりかけてざっと炒め合わせる。

３．ズッキーニに火が通ったら鍋肌からしょうゆをまわし入れ、器に盛る。

粒マスタード

じゃがいもとたこのサラダ

マスタードの酸味と塩気を生かした、マヨネーズなしのさっぱりポテトサラダ。

材料／２人分

じゃがいも（皮をむいて一口大に切る）… ２個

たこ（薄切り）… 120g

細ねぎ（小口切り）… ２本

A

　酢 … 大さじ 1.5

　塩、黒こしょう … 各少々

B〈 混ぜ合わせる 〉

　粒マスタード … 小さじ２

　オリーブ油 … 大さじ１

塩 … 適量

作り方

１. じゃがいもは水からゆで、竹串がスッと通るくらいになったら鍋の湯を捨て、強めの中火にかけて余分な水分をとばして粉ふきいもにする。

２. １のじゃがいもが熱いうちにボウルに入れ、Aで和えて下味をつける。

３. ２にたこ、細ねぎ、Bを加えて和え、味をみて塩でととのえ、器に盛る。

粒マスタード

さつまいものヨーグルトサラダ

パンとの相性も抜群。ほんのり甘い、まろやかなポテトサラダ。

材料／２人分

さつまいも（皮をむいて2cm角に切り、
水にさらす）…200g

A

塩…少々
マヨネーズ…大さじ２
はちみつ…大さじ１

B〈混ぜ合わせる〉

プレーンヨーグルト…1/4カップ
粒マスタード…小さじ１

作り方

１．さつまいもはざっと水気をきり、キッチンペーパーを敷いた耐熱皿に並べてふんわりラップをかける。電子レンジ（600W）で３～４分、様子を見ながら加熱する。

２．竹串がスッと通るくらいにやわらかくなったら、キッチンペーパーをはずして水気をよくきり、熱いうちにフォークの背などでつぶす。Aを加えてよく和える。

３．器に盛り、Bをかける。

粒マスタード

焼きれんこんの
みそマスタード

じっくり焼いたもっちりれんこんを、こっくりうまいみそマスタードで。

材料／２人分

れんこん … １節（200g）

サラダ油 … 大さじ１

A〈混ぜ合わせる〉

- みそ … 大さじ１
- 粒マスタード … 大さじ 1/2

作り方

１．れんこんは皮つきのまま７～8mm厚さの輪切りにする（断面が大きければさらに半分に切る）。軽く水にさらしてざるにあげ、水気をよくふく。

２．フライパンにサラダ油を強めの中火で熱し、れんこんを並べ入れる。焼き色がつくまでじっくり焼き、ひっくり返してもう片面もこんがりと焼く。

３．器に盛り、Aを添える。

粒マスタード

あじとミニトマトのマリネ風

お刺身で手軽に作れる、香り豊かな和えもの。

材料／2人分

あじ（刺身用、薄切り）… 120g

ミニトマト（半分に切る）… 6個

みょうが（縦半分に切ってから薄切り）… 2個

白いりごま … 大さじ1

A〈混ぜ合わせる〉

レモン汁 … 1/2個分

粒マスタード … 大さじ1

塩 … 小さじ1/3

しょうゆ … 少々

サラダ油 … 大さじ1

作り方

1．ボウルにあじ、Aを入れて軽く混ぜ、冷蔵庫で10分ほど冷やしてマリネする。

2．1にミニトマト、みょうが、白ごまを加えてざっくり和え、器に盛る。

粒マスタード

いんげんとにんじんの
ささみ巻き

シャキシャキの野菜を、とろーりチーズとマスタードでいただく、ヘルシーな肉巻き。

材料／２人分

鶏ささみ … 4 本
さやいんげん（2 ～ 3 等分に切る）… 8 本
にんじん（細切り）… 1/3 本
溶けるチーズ … 40g
粒マスタード … 大さじ 2

作り方

1．鶏ささみはラップではさみ、すりこ木などでたたいて 5mm の厚さに薄くのばす。片面に粒マスタード大さじ 1/2 を塗り広げ、いんげん、にんじん、チーズの各 1/4 量をのせて芯にして巻き、ラップできゅっと包む。残り 3 本も同様に巻いて包む。
2．1 を耐熱皿に並べて電子レンジ（600W）で 2 ～ 3 分加熱する。火が通っていなかったら様子を見ながらさらに少しずつ加熱する。
3．冷ましてからラップをはずし、食べやすく切って器に盛る。

粒マスタード

鶏肉とアスパラガスのクリーム煮

こってりしがちなクリーム煮も、粒マスタードと白ワインでさっぱり軽い仕上がりに。

材料／2人分

鶏もも肉（一口大に切る）
…1枚
たまねぎ（薄切り）…1/4個
グリーンアスパラガス
（5cm長さの斜め切り）…3本
マッシュルーム（半分に切る、
大きければ四つ割り）…4個
バター…小さじ1
白ワイン…1/4カップ
水…1/2カップ
生クリーム
…1/2カップ
塩、黒こしょう
…各適量
オリーブ油
…大さじ1
粒マスタード
…大さじ1
パセリ（みじん切り）
…適量

作り方

1．鍋にオリーブ油を中火で熱し、たまねぎを炒める。しんなりしたらバターを加えて溶かし、鶏肉、アスパラガス、マッシュルームを加えてさらに炒める。
2．鶏肉の色が変わったら白ワインを加えてざっと水分をとばし、水、生クリームを加える。フツフツしてきたら粒マスタードを加え、少しとろみが出るまで煮る。
3．味をみて塩、黒こしょうでととのえ、器に盛ってパセリをちらす。

粒マスタード

クスクスサラダ

ハニーマスタード味のドレッシングで食べる、ブランチにぴったりのサラダ。

材料／2人分

クスクス … 1/2 カップ
トマト（2cm の角切り）… 1/2 個
きゅうり（1cm の角切り）… 1/2 本
チェダーチーズ（1cm の角切り）… 30g
くるみ（軽く炒る）… 適量
A〈混ぜ合わせる〉
　酢 … 小さじ 1
　オリーブ油 … 大さじ 1
　粒マスタード … 小さじ 1
　はちみつ … 小さじ 1
　塩、黒こしょう … 各適量

作り方

1．クスクスは袋の表示どおりにもどし、ボウルに入れて冷ます。
2．1 のクスクスを手でよくほぐし、半量の A を加えて和える。トマト、きゅうり、チーズ、くるみを加えて混ぜ、残りの A も加えて和えて器に盛る。

第9位 ケチャップ

完成された味から一歩踏み出す。

使い切れない調味料劇場「ケチャップ編」

1
念願のひとり暮らし自炊がんばろー
ウキウキ♪
2
しゅうゆにマヨネーズケチャップは必須だよね
3
オムライスとナポリタン以外ケチャップの使い道って…
?

ケチャップ

あまる人とあまらない人の差が大きかったのが、ケチャップです。子どもがいる家庭では登場頻度が高い一方で、「冷蔵庫に一応あるけど、ほとんど使わない」という声も少なくありませんでした。

真っ赤な色は、もちろんトマトそのものの色。大さじ２杯にトマト１個分の栄養がギュッと詰まっているので、オムライスやナポリタンなど、おなじみの洋食以外にも使いこなしてみたいもの。トマトに含まれるグルタミン酸で、スープや煮物も旨みたっぷりの仕上がりに。みそやしょうゆとも好相性です。

ケチャップ

ベビーリーフと
ポテトチップのサラダ

ケチャップベースのドレッシングで食べるサラダ。ポテトチップの塩気によく合います。

材料／２人分

ベビーリーフ …１袋

ポテトチップ

（うす塩味、またはコンソメ味）… 適量

A〈 混ぜ合わせる 〉

酢 … 小さじ１

サラダ油 … 小さじ１

塩、黒こしょう … 各少々

ケチャップ … 大さじ１

作り方

１．ベビーリーフは冷水に放ってシャキッとさせ、サラダスピナーなどで水気をしっかりときる。

２．ボウルに１を入れ、ポテトチップを手で割って加える。

３．Aを加えてざっくりと和え、器に盛る。

ツナケチャおにぎり

まるで鮭フレークのような、アレンジのきくあっさりめのディップ。

材料／２人分

〈ツナケチャのディップ〉（作りやすい分量）

- ツナ缶（フレークタイプ）… 小１缶（80g）
- サラダ油 … 小さじ１
- 塩 … ひとつまみ
- しょうゆ … 小さじ 1/2
- ケチャップ … 大さじ１
- 黒こしょう … 少々

ごはん … 茶碗に軽く２杯分

白いりごま … 大さじ２

焼きのり … 適量

作り方

1．ディップを作る。ツナの油をしっかりときり、ボウルに入れ、サラダ油を加え、フォークの背ですりつぶすように混ぜる。塩、しょうゆを加えてなめらかになるまでさらに混ぜ、ケチャップ、黒こしょうも加えて混ぜ合わせる。

2．ボウルにごはん、白ごま、１の半量を入れてざっくり混ぜる。おにぎりを２個にぎってのりで巻く。

◎残ったツナケチャは、ココットに入れてチーズをのせて焼いたり、トーストやサンドウィッチにしてもおいしい。

ケチャップ

オーロラポテトサラダ

ほっくりポテトとほろ苦いクレソンがおいしい。温かいうちにどうぞ。

材料／2人分

じゃがいも（2cm の角切り）… 2 個

クレソン（2cm 幅のざく切り）… 1 束

A〈 混ぜ合わせる 〉

- マヨネーズ … 大さじ 2
- ケチャップ … 大さじ 1
- 粒マスタード … 小さじ 1/2
- 塩、黒こしょう … 各適量

作り方

1．鍋にじゃがいもを入れ、かぶるくらいの水を加えて強火にかけ、沸騰したら弱火にしてゆでる。竹串がスッと通るくらいになったら鍋の湯を捨て、再び火にかけて水分をとばし、粉ふきいもにする。

2．1をボウルに入れて粗くつぶし、温かいうちにAで和える。

3．クレソンを加えてざっくり混ぜ、器に盛る。

ケチャップ

ミネストローネ風みそ汁

ほんのりとした酸味がみそ味に奥行きを出す、ひと味違うおみそ汁。

材料／２人分

にんじん（1～2cm の角切り）… 5cm

かぼちゃ（1～2cm の角切り）… 80g

キャベツ（1～2cm の角切り）… １～２枚

ウィンナソーセージ（1cm 幅の輪切り）… ３本

さやいんげん（1cm 幅に切る）… ６本

ミニトマト（半分に切る）… ４個

サラダ油 … 大さじ１

A　水 … ３カップ

　コンソメスープの素（固形）…１個

　ケチャップ … 大さじ２

　砂糖 … 少々

みそ … 大さじ１と 1/3 ～ 1.5

作り方

１．鍋にサラダ油を中火で熱し、ソーセージを炒める。油がまわったらにんじん、かぼちゃ、キャベツを加えてさらに炒め、Aを加えてひと煮立ちさせ、アクをすくいながら弱火で煮る。

２．野菜に火が通ったらいんげん、ミニトマトを加えて軽く煮、味をみながらみそを溶き入れて火からおろす。

◎野菜は好みのものでOK。種類が多くなるほど、野菜からだしが出てよりおいしくなる。

ケチャップ

鶏肉と大豆の
中華風ケチャップ炒め煮

ごはんにもパンにもよく合う、旨みたっぷりのおかず。冷めてもおいしい。

材料／２人分

鶏もも肉（小さめの一口大に切る）… 1 枚
生しいたけ（1cm 角に切る）… 4 枚
大豆（ドライパック）… 120g
細ねぎ（小口切り）… 適量
ごま油 … 大さじ 1
A〈 混ぜ合わせる 〉
　水 … 150ml
　しょうゆ … 大さじ 1
　ケチャップ … 大さじ 2
　オイスターソース … 大さじ 2
水溶き片栗粉 … 適量
黒こしょう … 適量

作り方

1．フライパンにごま油を強めの中火で熱し、鶏肉を炒める。肉の色が変わってきたらしいたけを加えて炒め合わせ、A を加える。
2．ひと煮立ちしたらアクをすくって弱火にし、大豆を加えて 7 ～ 8 分煮る。鶏肉に火が通ったら水溶き片栗粉を少しずつ加え、ゆるめにとろみをつける。
3．器に盛って細ねぎをちらし、黒こしょうをふる。

洋食屋さん風の一皿。甘いケチャップを、ウスターソースでスパイシーに引き締めて。

豚肉のケチャップソース炒め

材料／２人分

豚ロース薄切り肉
（しょうが焼き用、３等分に切る）… 200g

A
酒 … 大さじ１
塩、黒こしょう … 各少々
片栗粉 … 小さじ２

たまねぎ（縦半分に切ってから
1cm 幅の薄切り）… 1/2 個

キャベツ（千切りにして冷水に放す）… 適量

サラダ油 … 大さじ 1/2

バター … 10g

B
ケチャップ … 大さじ１
ウスターソース … 小さじ１
しょうゆ … 小さじ 1/2

作り方

1．豚肉をボウルに入れ、Aをもみ込み下味をつける。

2．フライパンにサラダ油、バターを中火で熱し、たまねぎを炒める。しんなりしてきたら１の豚肉を加えてさらに炒める。

3．豚肉に火が通ったらBを加え、強火で水分をとばすように炒める。器に盛って水気をきったキャベツを添える。

ケチャップ

お手軽タンドリーチキン

スパイスを何種類も使わなくても、ケチャップ×ヨーグルト×カレー粉で味が決まる！

材料／２人分

鶏むね肉（皮を取って一口大に切る）… 250g
赤たまねぎ（薄切り）、香菜《シャンツァイ》（ざく切り）、
　レモン（くし形切り）… 各適量
A〈 混ぜ合わせる 〉
　にんにく（すりおろし）… 1 かけ
　しょうが（すりおろし）… 1/2 かけ
　プレーンヨーグルト … 100g
　砂糖 … 小さじ 1
　塩 … 小さじ 1/2
　黒こしょう … 少々
　ケチャップ … 大さじ 2
　カレー粉 … 小さじ 2
サラダ油 … 大さじ 1

作り方

1．ボウルに鶏肉、A を合わせてもみ込み、ラップをして冷蔵庫で 3 時間以上おく。
2．フライパンにサラダ油を強めの中火で熱し、1 を焼く。表面に焼き色がついたらふたをして弱火にし、ときどき返しながらじっくりと蒸し焼きにする。
3．鶏肉に火が通ったらふたをはずし、強火にしてこんがりと焼きあげる。取り出して器に盛り、赤たまねぎ、香菜、レモンを添えて食べる。

ケチャップハンバーグ

下味にケチャップを使うのでソースいらず。しょうゆと合わせてごはんに合う味に。

材料／２人分

合びき肉 … 180g
たまねぎ（みじん切り）… 1/2 個
卵黄 … １個分
クレソン（ざく切り）… 適量
パン粉 … 大さじ３
牛乳 … 大さじ１
A　ケチャップ … 大さじ１
　　しょうゆ … 小さじ１
　　塩、黒こしょう … 各少々
サラダ油 … 大さじ１

作り方

１．パン粉に牛乳を混ぜ合わせ、しっとりさせておく。ボウルに合びき肉、たまねぎ、卵黄、Aを混ぜ合わせ、パン粉も加えて手でしっかり練り混ぜる。２等分して空気を抜くようにして楕円形に丸め、中央を少しへこませる。

２．フライパンにサラダ油を強めの中火で熱し、１を並べ入れて焼く。片面に焼き色がついたら裏返して弱火にし、ふたをしてじっくりと蒸し焼きにする。

３．中まで火が通ったら取り出して器に盛り、クレソンを添える。

沖縄風焼きそば

ランチョンミートの塩気とケチャップの甘みがちょうどいい、南国の味。

材料／1人分

中華麺 … 1玉
ランチョンミート（1cm 幅の細切り）… 50g
たまねぎ（薄切り）… 1/4 個
ピーマン（細切り）… 小1個
卵 … 1個
A〈 混ぜ合わせる 〉
　ケチャップ … 大さじ 1.5
　ウスターソース … 大さじ1
サラダ油 … 大さじ1
塩、黒こしょう … 各適量

作り方

1. 中華麺は袋ごと電子レンジに1分かけ、麺をほぐしやすくしておく。
2. フライパンにサラダ油を強めの中火で熱し、ランチョンミートを炒める。焼き色がついてきたらたまねぎを加え、しんなりしたらピーマンを加えてさらに炒め合わせる。麺をほぐしながら加え、水大さじ1（分量外）をふりかけ、ふたをしてしばらく蒸し焼きにする。
3. 麺が完全にほぐれたらAを加えて炒め合わせ、器に盛る。目玉焼きを作って麺の上にのせ、塩、黒こしょうをふる。

大人のケチャップライス

豆板醤入りでピリッと辛めに仕上げた、大人向けの一皿。

材料／２人分

ちりめんじゃこ … 大さじ２

長ねぎ（薄い小口切り）… 10cm

ホールコーン（缶詰、水気をきる）… 150g

ごはん … 茶碗に２杯分

細ねぎ（小口切り）… ２本

サラダ油 … 大さじ１

A

　ケチャップ … 大さじ４

　豆板醤《トウバンジャン》 … 小さじ１

ナンプラー … 少々

作り方

1．フライパンにサラダ油を中火で熱し、ちりめんじゃこと長ねぎを炒める。油がまわったらコーンを加えて炒め合わせ、Aを加えて水分をとばすようにさらに炒める。

2．１にごはんを加え、木べらでほぐしながらよく炒める。ごはんがパラパラになったら、細ねぎを加えてざっと炒め合わせる。

3．鍋肌からナンプラーをまわし入れて香りを出し、器に盛る。

第10位 ソース

ウスターは下味に、中濃は隠し味に。

使い切れない調味料劇場［ソース編］

おかあさん
ソース取って!
はい
はい
ソース
1
2
わーい
トンカツだ!
お父さん
今日も
遅いね
ソース
3
そういえば
ソースって料理に
かけるしか使ったこと
ないわ…
ソース

ソース

フライや目玉焼きなど、「かけるだけ」という声が多かったソース。「野菜や果物をたっぷり使い、何種類ものスパイスが入っている調味料」という事実を知ると、「もっと料理に使わないともったいない」という気になってきます。この章では、スパイシーな味わいで、サラサラとした口あたりのウスターソースと、野菜や果実をより多く含み、粘度の高い中濃ソースの２種類を駆使し、ソースの複雑な味わいを存分に発揮させるレシピを紹介。からあげや肉じゃがなどおなじみの料理にもソースを使うと、驚きのおいしさに。食卓にＢ級グルメの風が吹き、きっと歓喜の声が上がるはずです。

ソース卵

ゆで卵をソースにつけ込むだけ。あとを引くおいしさ。

材料／２人分

ゆで卵（かたゆで）… ２個

ウスターソース … 適量

マヨネーズ … 適量

作り方

１．密閉容器にゆで卵を入れ、卵がかぶるくらいのウスターソースを注ぐ。

２．冷蔵庫でひと晩おき、マヨネーズをつけて食べる。

◎つけ込み後のソースは料理に使う。

◎スライスしてパンにはさんだり、マヨネーズと和えて卵サラダにしてもおいしい。

千切りキャベツのサラダ

ウスターソース×練りごまでコクをアップ。とんカツ屋さん風のキャベツサラダ。

材料／２人分

キャベツ（千切り）… 1/4 個

A〈 混ぜ合わせる 〉

- ウスターソース … 大さじ 2
- 白練りごま … 小さじ 2
- 練りがらし … 小さじ 1/2
- 黒こしょう … 少々

作り方

1．キャベツは冷水に放ってシャキッとさせ、サラダスピナーなどで水気をしっかりきる。

2．1を器に盛り、Aをまわしかける。

◎少しおいてしんなりさせてもおいしい。

クレソンと牛肉のサラダ

ウスターソースで肉のくさみがうまく消える、ボリューム満点のおかずサラダ。

材料／２人分

牛切り落とし肉（一口大に切る）… 150g

A

- にんにく（すりおろし）… 1/2 かけ
- 黒こしょう … 少々
- サラダ油 … 小さじ１
- ウスターソース … 大さじ１

クレソン …１束

ミニトマト（半分に切る、
　または大きければ四つ切り）… ５個

サラダ油 … 小さじ２

作り方

１．牛肉をボウルに入れてAをもみ込み、10分ほどおいて下味をつける。クレソンは冷水に放ってシャキッとさせ、水気をよくきってざく切りにする。

２．フライパンにサラダ油を中火で熱し、１の牛肉を炒める。火が通ったらボウルに移す。

３．２のボウルにクレソン、ミニトマトを加え、ざっくり和えて器に盛る。

イギリス風チーズトースト

隠し味にソースがほんのりきいたチーズソースをのせて、こんがり焼いて。

材料／２人分

食パン（6 枚切り）…２枚

A
- 溶けるチーズ … 150g
- 牛乳 … 大さじ１
- ウスターソース … 小さじ１
- バター … 大さじ１

卵黄 … １個分

黒こしょう … 適量

パセリ（あれば）… 適量

作り方

1．食パンはオーブントースターで軽く焼く（チーズソースを塗りやすいように表面を少しカリッとさせる）。

2．フッ素樹脂加工のフライパンにＡを入れ、弱火にかける。ときどき混ぜながらチーズとバターを溶かし、火からおろして卵黄を加え、手早く混ぜ合わせる。

3．１の食パンに２のチーズソースを２等分して塗り、チーズに焼き色がつくまでさらにトースターで焼く。斜め半分に切り、仕上げに黒こしょうをふる。あればパセリを添える。

◎すりおろしたパルメザンチーズで作ると、より本格的な味わいに。

鶏肉の和風カレースープ

おそば屋さんのカレーのような、ほっとする味わいのスープ。

材料／２人分

鶏もも肉（3cm 角に切る）
… 150g

生しいたけ（薄切り）
… ３枚

長ねぎ（白い部分、
1cm 幅の斜め切り）
… 20cm

長ねぎ（青い部分、
1cm 幅の斜め切り）
… １本分

A
- だし … ４カップ
- 酒 … 大さじ２
- みりん … 大さじ２
- しょうゆ … 大さじ２
- 砂糖 … 小さじ１
- ソース（ウスター、中濃どちらでも可）… 小さじ２
- カレー粉 … 小さじ２
- 黒こしょう … 少々

塩 … 適量

作り方

１. 鍋にAを入れて強火にかける。沸騰したら鶏肉を加え、弱火にしてアクをすくいながら７～８分煮る。

２. １にしいたけと長ねぎの白い部分を加え、さらに２～３分煮る。

３. 野菜に火が通ったら味をみて、足りなければ塩でととのえる。長ねぎの青い部分を加えてサッと煮、器に盛る。

◎うどんやそばを入れてもおいしい。

小松菜とちくわの
中濃ソース炒め

ウスターよりも甘みのある中濃ソースは、素材の味を引き立たせたい炒めものに。

材料／２人分

小松菜（3cm 幅のざく切り）… 1/2 束

ちくわ（1cm 幅の斜め切り）… ３本

酒 … 大さじ２

塩、黒こしょう … 各適量

サラダ油 … 大さじ１

中濃ソース … 大さじ１

作り方

１．フライパンにサラダ油を強めの中火で熱し、ちくわを炒める。

２．ちくわの表面に焼き色がついたら、小松菜を加えて酒をまわしかけ、さらに炒める。小松菜に油がまわってツヤツヤしてきたら、中濃ソース、塩を加えて味をととのえる。

３．器に盛って黒こしょうをふる。

もやしと砂ぎもの
ウスターソース炒め

塩こしょう味とはひと味違うこってり味。ビールによく合うのでおつまみにもどうぞ。

材料／２人分

もやし … １袋
砂ぎも（筋を取って薄切り）… 80g
細ねぎ（小口切り）… 適量
塩、黒こしょう … 各少々
酒 … 大さじ１
ごま油 … 大さじ１
ウスターソース … 大さじ 1.5

作り方

１．砂ぎもをボウルに入れ、塩、黒こしょうをもみ込み５分ほど下味をつける。
２．フライパンにごま油を強めの中火で熱し、１の砂ぎもを炒める。表面に焼き色がついてきたら、もやし、酒を加えてさらに炒める。
３．もやしがまだ少しシャキシャキした状態でウスターソースを加えてざっと炒め、器に盛って細ねぎをちらす。

ソースからあげ

下味はほぼソースのみ。しっかり味がしみて、やみつきのおいしさ。

材料／２人分

鶏もも肉（一口大に切る）… １枚（250g）
ウスターソース … 大さじ２〜３
砂糖 … ひとつまみ
片栗粉 … 大さじ４
揚げ油 … 適量
レモン（くし形切り、あれば）… 適量

作り方

１．鶏肉をボウルに入れ、ひたひたにつかる程度にウスターソースを加え、砂糖も加えてもみ込む。ラップをかけて冷蔵庫でひと晩寝かせる。
２．１に片栗粉を加えてまんべんなく合わせる。揚げ油を中温（170℃）に熱し、鶏肉を入れてときどき返しながら揚げる。
３．中まで火が通ったら油をきり、器に盛ってレモンを添える。

ソース

簡単ハヤシライス

ルウもデミグラスソースも使わないお手軽ハヤシライス。旨みたっぷり、後味あっさり。

材料／２人分

- 牛切り落とし肉（一口大に切る）… 150g
- たまねぎ（繊維と垂直に薄切り）… 1/2 個
- まいたけ（一口大に切る）… 1/2 パック
- サラダ油 … 大さじ 1/2
- バター … 20g
- 薄力粉 … 大さじ 2
- A
  - 水 … 150ml
  - 酒 … 大さじ 1
  - 砂糖 … 小さじ 1/2
  - 中濃ソース … 大さじ 2
  - ケチャップ … 大さじ 1
  - オイスターソース … 大さじ 1
- 塩 … 適量
- ごはん … 茶碗に 2 杯分
- パセリ（みじん切り）… 適量

作り方

1．フライパンにサラダ油を中火で熱し、たまねぎを炒める。しんなりしたら牛肉、まいたけを加えて炒め合わせ、肉の色が変わってきたらバターを加える。

2．バターが溶けたら弱火にし、薄力粉を加えてバターがなじむまで混ぜながら炒める。Aを加えて中火にし、とろみがつくまで混ぜながら火を通す。

3．味をみて塩でととのえ、ごはんと一緒に器に盛り、パセリをちらす。

ソース肉じゃが

ソースでコクと酸味をプラス。ごはんにもパンにも合う、和洋折衷のおかず。

材料／２人分

豚バラ薄切り肉（10cm 幅に切る）… 150g
たまねぎ（くし形切り）… 1/2 個
じゃがいも（大きめの一口大に切って水にさらす）… 2 個
にんにく（みじん切り）… 1 かけ
サラダ油 … 大さじ 1
A
水 … 2 カップ
酒 … 大さじ 1
しょうゆ … 小さじ 2
中濃ソース … 大さじ 4

作り方

1．鍋にサラダ油、にんにくを入れて中火で熱し、香りがしてきたら豚肉を加えて炒める。肉の色が変わったらたまねぎ、水気をきったじゃがいもを順に加えて炒め合わせ、A を加えて強火にする。
2．沸騰したらアクをすくって弱火にし、ときどき混ぜながら 10 ～ 12 分煮る。
3．じゃがいもに竹串がスッと通るくらいになったら、汁ごと器に盛る。

あとがき

ナンプラーでタイ、コチュジャンで韓国へ、バルサミコ酢ではイタリアに飛び、はたまたソースでイギリスと大阪を行ったり来たり。ここに登場する調味料を使って料理しながら、私は脳内で至るところへ旅に出ました。でも実際に立っているのはうちの台所なので、棚を開ければしょうゆがあるし、冷蔵庫にはみそやマヨネーズも並んでいる。それでふと懐かしくなって、合わせてみようかなぁと手を伸ばしてみました。旅先で日本食が恋しくなったときのように。

そんなふうにして、この本のレシピたちは生まれました。ベトナム＆タイ料理講師という職業柄、私はナンプラーやオイスターソースを常備しています。それらをバルサミコ酢やラー油などの新顔とつきあわせ、ときには掛け合わせて、使い切りに相乗効果を出すレシピも考えました。自分が使いこなせない調味料は、単独よりも使い慣れた調味料と組み合わせることで、より親しみやすい存在になります。

皆さんも眠っている調味料を発見して、まずは１か国、この本のレシピ片手に旅立ってみてください。そこで日本の味を作ったり、他の国へも足を延ばせるくらいに旅慣れてきたら、ひと瓶がきれいになくなっていること請け合いです。

高谷亜由

梅津有希子

（うめつゆきこ）

編集者・ライター。1976年北海道生まれ。編集プロダクションを経て、2005年よりフリーランスに。女性誌や単行本、webで、料理、ペット、美容など幅広いジャンルの取材・執筆を手掛ける。著書に『終電ごはん』（幻冬舎）、『吾輩は看板猫である』（文藝春秋）など。「別冊マーガレット」連載の吹奏楽漫画『青空エール』（作者／河原和音）の監修も務める。

公式サイト　umetsuyukiko.com

Twitter　@y_umetsu

高谷亜由

（たかやあゆ）

料理家。タイ＆ベトナム料理講師。1979年東京都生まれ。現在は京都を拠点に活動している。料理教室「Nam Bo」主宰。日本の食卓に異国料理を推進しながら、日々の小さな料理へも愛情を注ぐ。お酒好き、旅好き、70年代贔屓。『終電ごはん』（幻冬舎）、『レシピ家で呑む。』（アノニマスタジオ）、『15分でうまっ！ベトナム＆タイごはん』（家の光協会）など著書多数。8月に『一口コンロごはん』（主婦の友社）を刊行予定。

公式サイト　geocities.jp/vietnam_nambo

ブックデザイン：野本奈保子（nomo-gram）
撮影：新居明子（SOSOUP）
スタイリング：駒井京子
イラスト（使い切れない調味料劇場）：松元まり子

企画：梅津有希子

使い切りたい 調味料ベスト10！

2013年6月25日 第1刷発行

著 者 梅津有希子 高谷亜由
発行者 見城 徹

発行所 株式会社 幻冬舎
〒151-0051 東京都渋谷区千駄ヶ谷4-9-7
電話 03（5411）6211（編集）
03（5411）6222（営業）
振替 00120-8-767643
印刷・製本所：株式会社 光邦

検印廃止

ISBN978-4-344-02418-2 C0077
幻冬舎ホームページアドレス http://www.gentosha.co.jp/

この本に関するご意見・ご感想をメールでお寄せいただく場合は、
comment@gentosha.co.jpまで。